Abbott · Mitteilungen aus dem Bauch der Hölle

Jack Henry Abbott

Mitteilungen aus dem Bauch der Hölle

Mit einer Einleitung von Norman Mailer

Aus dem Amerikanischen von Jürgen Abel

Ullstein

CIP-Kurztitelaufnahme der Deutschen Bibliothek

Abbott, Jack Henry:
Mitteilungen aus dem Bauch der Hölle/Jack Henry Abbott. Mit e. Einl. von Norman Mailer. Aus d. Amerikan. von Jürgen Abel. – Frankfurt/M.; Berlin; Wien: Ullstein, 1982.
Einheitssacht.: In the belly of the beast <dt.>
ISBN 3-550-06357-1

Titel der amerikanischen Originalausgabe:
»In the Belly of the Beast. Letters from Prison«
Verlag Ullstein GmbH · Berlin · Frankfurt/M. · Wien

Satz: Hagedornsatz, Berlin
Druck und Buchbinder: Clausen u. Bosse, Leck
Printed in Germany 1982

Dank

Mein Lektor bei Random House, Erroll McDonald, bereitete die Briefe in diesem Buch – Auszüge von Briefen an Norman Mailer – für den Druck vor. Ich danke ihm. Meine Schwester hat mir während all dem beigestanden, was in diesem Buch beschrieben ist, und hielt etwas in mir am Leben, das sonst längst verschüttet wäre. Ich danke ihr.

Für Carl Panzram, William (»Whitey«) Hurst, »Gypsy« Adams, La Count Bly, Sam Melville, George Jackson, »Curly« McFee, George (»Sugar Bear«) Lovell, Gary Gilmore – mögen sie in Frieden ruhen.

Einleitung

Mitten bei der Arbeit am *Lied vom Henker* bekam ich ein kurzes Schreiben des Literaturagenten Morton Janklow. Dabei lag ein Brief, den er mit der Bitte bekommen hatte, ihn an mich weiterzuleiten. Er nahm an, es sei deshalb, weil unsere Namen in einem Artikel des Magazins *People* gestanden hatten. Wie dem auch sei, der Brief stammte von einem Strafgefangenen namens Jack H. Abbott, und Janklow fand ihn irgendwie außergewöhnlich. Als ich ihn gelesen hatte, wußte ich, warum er dieser Ansicht war.

Schriftsteller bekommen manchmal Hunderte von Briefen im Jahr, deren Verfasser sie nicht kennen. Gewöhnlich haben diese Unbekannten etwas auf dem Herzen: Ob man ihr Manuskript lesen oder sich ihre Lebensgeschichte anhören und daraus »etwas machen« würde? Dieser Brief bot dagegen Aufklärung. Abbott hatte in einem Zeitungsartikel gelesen, daß ich gerade ein Buch über Gary Gilmore und Gewalt in Amerika schrieb. Er wolle mich warnen, schrieb er, daß kaum jemand etwas über Gewalt im Strafvollzug wisse. Allem Anschein nach sei kein einziger der Autoren, die er gelesen habe, mit dem Thema vertraut gewesen. Er glaubte, selbst Männer, die fünf Jahre gesessen hätten, wüßten praktisch nichts darüber. Wahrscheinlich bedürfe es eines Jahrzehnts hinter Gittern, um sich psychisch und physisch eine reale Vorstellung davon zu machen. Wenn ich interessiert sei, könne er, wie er meinte, einige Aspekte von Gilmores Leben als Häftling erhellen.

Schriftstellerischer Erfolg bringt leidige Paradoxa mit sich. Zunächst einmal hat man nicht viel Gelegenheit, gute Bücher zu lesen (es ist demoralisierend, wenn man sich selbst gerade verzweifelt bemüht, etwas Gutes zu produzieren), und mit der Zeit graut es einem auch vorm Briefeschreiben. Ungefähr zehnmal im Jahr gehen ein paar Tage damit verloren, Briefschulden abzutragen, und es macht wenig Spaß. Man vertut Zeit, die man für »richtiges« Schreiben benutzen könnte, und es sind so viele Briefe zu beantworten! Wenige Autoren ermutigen Briefpartner. Ich beantworte eine gute, gehaltvolle, sogar großherzige Zuschrift von jemandem, den ich nicht kenne, oft nur mit ein paar entschuldigenden Zeilen.

Abbotts Brief dagegen war dicht, direkt, unverhüllt und distanziert – eine ungewöhnliche Mischung. Also beschäftigte ich mich damit. Genaugenommen wußte ich nicht viel über Gewalt in Gefängnissen, und ich schrieb ihm das und versprach, alles, was er mir darüber zu sagen habe, aufmerksam zu lesen.

Ein langer Brief folgte. Er war bemerkenswert. Ich beantwortete ihn, und dann kam wieder einer. Er war ebenso bemerkenswert. Ich glaube, nach knapp zwei Wochen steckte ich schon mitten in einer fesselnden Korrespondenz. Mich erfüllte ehrfürchtiges Staunen, wie es den Menschen angesichts eines ungewöhnlichen Phänomens überkommt. Abbott hatte eine eigene Stimme. Ich hatte noch keine wie diese gehört. In seinen besten Momenten, dort, wo er über das schrieb, was er genau kannte, glich die sichere Logik seiner Gedankenführung der perfekten Kurventechnik eines Rennfahrers. Er schrieb wie ein Teufel, das heißt (da wir die Wahrheit womöglich nicht erkennen würden, wenn ein Engel sie uns erzählte), er schrieb so, daß man beim Lesen unwillkürlich ausrief: »Ja, er hat recht. Mein Gott, ja, es stimmt.« Überflüssig zu sagen, daß das, was stimmte, Abgründe eröffnete, in die man nicht näher zu schauen wagte. Abbotts Briefe ermutigten nicht zu seligen Träumen. Die Hölle wurde deutlich sichtbar. Es war der Hochsicherheitstrakt in einem großen Zuchthaus.

Nun ja, ich war nicht gerade ein unbedarfter Tourist, was Ausflüge in jene Gefilde betrifft. Ich arbeitete, wie gesagt, am *Lied vom Henker* und hatte dabei nicht allein Gefängnisliteratur gelesen und Sträflinge und Anstaltsleiter befragt, ich hatte auch die Briefe studiert, die Gilmore in dem halben Jahr zwischen seiner Inhaftierung und seinem Tod an Nicole geschrieben hatte. Diese Briefe sondierten die Tiefen und Schrecken des Gefängnislebens auf ihre eigene Weise. Gilmore war eindeutig literarisch begabt. Trotzdem konnte er mir nicht das geben, was Abbott mir gab. Als Schriftsteller – nicht als Mörder – war Gilmore ein Romantiker und Mystiker; für ihn war die Haft letztlich so etwas wie das Karma. Egal, wie sehr er sie haßte, er nahm sie auch als etwas Gegebenes hin. Das Leben hatte seine Licht- und Schattenseiten. Das Gefängnis war nichts als der faulige Gestank der Dunkelheit, und vielleicht hatte er seinen Aufenthalt dort verdient. Das war die grausame Gleichung. Gilmore glaubte, er würde diesseits des Todes kein Glück mehr finden.

Aus Abbotts Briefen sprach jedoch der Intellektuelle, der Radikale, der potentielle Leader, ein Mann, besessen von der Vision eines humaneren Lebens in einer besseren Welt, wie sie in der Revolution geschmiedet wird. Sein Geist wollte in seinen glücklichsten Augenblicken von der Höhe seiner Philosophie zu uns sprechen. Anders als Gilmore interessierte er sich nicht für das Spezifische, sondern nur für die Relevanz des Spezifischen für das Abstrakte. Das Gefängnis war trotz all seiner Schrecken kein Traum, dessen Wurzeln einen zur Ewigkeit führen würden, es war eine teuflische Vernichtungsmaschinerie, das Modell eines alles ausscheidenden Afters einer zutiefst kranken Gesellschaft.

Die beiden Männer konnten nicht verschiedener sein. Obgleich ständig auf eine Möglichkeit zur Flucht wartend, sah Gilmore den Tod als eine Art romantische Lösung: er und Nicole könnten auf der anderen Seite vereint sein. Abbott mochte getreu seinem Sträflingskodex bereit sein, dem Tod bei jeder zufälligen Begegnung ins Auge zu sehen, aber er verabscheute ihn. Der Tod war die letzte Ungerechtigkeit, die höchste Obszönität, die ihm von der Gesellschaft zugefügt werden konnte.

Nichtsdestoweniger – und das ist eine jener Ironien, die Abbott selbst verwirren – betont er als erster: »... wenn Sie in irgendein Gefängnis gingen, in dem Gilmore und ich säßen, und nach allen Häftlingen mit einem bestimmten Hintergrund – innerhalb und außerhalb des Gefängnisses – fragten, mit einem Hintergrund, der neben dem beobachteten auch das mutmaßliche Verhalten erfaßte, würden Sie einen Aktenstapel, eine Namenliste bekommen, und zusammen mit meiner Akte und meinem Namen würden Sie unweigerlich die von Gilmore bekommen ...«

Ja. Auf den ersten Blick ist die Morphologie ähnlich. Beide wurden als Halbwüchsige straffällig, beide verbrachten den größten Teil ihrer Jugend in staatlichen Anstalten – wie Abbott in seinen frühen Briefen erklärte, waren die Jungen, die man in der Erziehungsanstalt kannte, später, wenn man sie im Knast wiedertraf, wie Verwandte. Der sechsunddreißigjährige Gilmore hatte achtzehn der letzten zweiundzwanzig Jahre seines Lebens hinter Gittern verbracht; der jüngere Abbott hatte einen Knastanteil, der im Verhältnis sogar noch größer war. Er kam mit zwölf zum erstenmal in eine geschlossene Anstalt, war dann neun Monate draußen, wurde mit achtzehn wieder inhaftiert, weil er einen ungedeckten Scheck ausgestellt hatte. Dafür bekam er eine Strafe von maximal fünf Jahren. Wie er uns in seinem Werk erzählt – es ist keine gewöhnliche Mordbeschreibung –, tötete er dann einen

Mithäftling und bekam eine Haftstrafe von unbestimmter Dauer, höchstens jedoch neunzehn Jahre. Bis auf ein sechs Wochen langes Zwischenspiel, das er nach einem Ausbruch aus dem Hochsicherheitstrakt des Staatsgefängnisses Utah als Flüchtiger in den USA und Kanada verbrachte, war er seitdem ununterbrochen hinter Gittern. Ihm gebührt die hohe Sträflingsauszeichnung, der einzige Mann zu sein, dem es je gelang, aus der Sicherheitsverwahrung jenes Zuchthauses zu entweichen.

Es gibt noch ein paar andere Parallelen zwischen Gilmore und Abbott. Vor allem sind sie beide Strafgefangene. Sie gehören ihrer Logik zufolge zur Elite einer Zuchthauspopulation, zum Sträflings-Establishment, wie es die Sträflinge sehen, nicht die Behörden – das heißt, sie sind der harte Kern. Sie betrachten sich als Männer, die den Kodex für den Stadtstaat namens Strafanstalt schrieben, der unter der Besatzungsmacht eines Direktors und seiner Sicherheitsbeamten steht. Unter dieser Autorität errichten die Häftlinge ihr eigenes Establishment. Sie rivalisieren miteinander, sie veranstalten Prozesse, sie unterweisen den Nachwuchs, sie geben den Kodex weiter.

Es gibt im Kern der Strafrechtslehre ein Paradoxon, auf das die tausend Übel und Leiden des Vollzugssystems zurückgehen. Es besteht darin, daß nicht allein die schlechtesten Jugendlichen ins Gefängnis kommen, sondern auch die besten – das heißt, die stolzesten, die mutigsten, die kühnsten, die risikofreudigsten und ungeschlagensten der Armen. Dort beginnt das Grauen. Abbott demonstriert uns immer wieder das Grundgesetz des Gefängnisdaseins: Das Gefängnis besitzt alles, um Kriminelle, die Feiglinge sind, zu sozialer Unterwerfung zu zwingen, aber den Geist tapferer Männer, die kriminell sind, kann es nur äußerlich bezwingen, oder es kann sie nur so lange härten, bis sie härter sind als der Stahl, der sie umschließt. Wenn man sich (was heutzutage sehr schwer ist) eine Gesellschaft vorstellen kann, der das kreative

Potential gewalttätiger junger Männer wichtiger ist als die Gefahr, die sie für die Vororte bedeuten, mag es einige Lösungen für die Gefängnisse der Zukunft geben. Vielleicht liegt die Antwort auch irgendwo zwischen Fremdenlegion und Sommerlager, zumindest für alle die straffälligen Jugendlichen, die das Verbrechen als positive Erfahrung lockt – weil es erregender, bedeutsamer, mysteriöser, transzendenter, religiöser ist als alle ihre bisherigen Erfahrungen. Für sie ist ein Dialog vorstellbar. Die Behörde kann sagen: »Bist du ein harter Junge? Dann zeig uns, daß du wirklich Mumm hast, und kletter diese Felswand hoch.« Oder fahr im Kanu die Stromschnellen runter oder häng dich in einen Drachenflieger – riskier dein Leben auf jede nur erdenkliche Weise, die nicht das Leben anderer gefährdet. Für all die kleinen Gauner, denen es nicht um solche existentiellen Tapferkeits- und Gewalttests geht, die als Verbrecher ihren Beruf verfehlt haben, ist das Gefängnis kein Problem. Sie können einigermaßen reibungslos von der normalen Abteilung zum Strafvollzug ohne Mauern und dann zum offenen Haus wandern. Für sie können zwei Jahre hinter Gittern sogar eine Highschool-Bildung bedeuten. Aber die soziale Gepflogenheit, die beiden Arten von Kriminellen miteinander zu mischen, ist eine Katastrophe, eine Explosion. Die Furchtsamen werden »Stricher« und Spitzel, die Tapferen werden grausam. Wenn nämlich kühne und furchtsame Menschen gezwungen sind, miteinander zu leben, schlägt Mut in Brutalität um und Furchtsamkeit in Heimtücke. Eine Ehe zwischen einem tapferen Mann und einer ängstlichen Frau dürfte an Elend wohl nur von der Verbindung einer tapferen Frau mit einem ängstlichen Mann übertroffen werden. Gefängnissysteme perpetuieren solche Beziehungen.

Abbott läßt uns nicht vergessen, warum. Mir fällt auf Anhieb kein einziger amerikanischer Schriftsteller ein, der uns so gründlich und ausführlich gezeigt hätte, wie sehr

Strafanstalten dazu geschaffen sind, die Ängstlichen innerlich kaputtzumachen und zu korrumpieren und die Mutigen zu zerbrechen oder zu brutalisieren. Ein Strafsystem, das ein mutiges menschliches Wesen nötigt, seinen oder ihren Mut aufzugeben, kann niemals dem Gemeinwohl dienen. Es vergewaltigt das Göttliche der Seele, in dem alle großen Zivilisationen gründen.

Wir leben nun aber nicht in einer Welt, die versucht, ihre Gefängnisprobleme zu lösen. Schon die Annahme, wir täten es, wäre utopisch. Das eigentliche Grauen liegt vielleicht darin, daß wir alle die geschwollenen Gewebe eines Gemeinwesens bewohnen, das mit schlechtem Gewissen getränkt ist – mit einem so schlechten Gewissen, daß das Lachen der Hyäne von jedem Fernsehgerät widerhallt und unsere wahre Nationalhymne werden könnte. Wir alle sind voller Schuld, weil wir zuließen, daß die Welt ringsum jedes Jahr häßlicher und gemeiner wurde, und deshalb fügen wir uns in den Terror und baden darin. Der Handtaschenräuber nimmt die Ausmaße eines Golgatha an, und die Mittelschicht zieht sich in befestigte Städte mit bewaffneten Wächtern zurück. Dort haben die Gefängnisse Teppichboden, und die Wärter reden die Insassen mit »Sir« an und verbeugen sich vor ihnen. Aber es sind dennoch Gefängnisse. Das Maß der progressiven Inhaftierung der gesamten Gesellschaft findet sich an der Basis – im Zustand der Strafanstalten selbst. Das schlechte Gewissen der Gesellschaft offenbart sich im Brennglas der Strafanstalt. Deshalb reden wir nicht davon, die Gefängnisse zu verbessern – das heißt, von Grund auf neu zu gestalten –, sondern immer nur davon, Gesetz und Ordnung zu stärken. Das ist freilich so unrealistisch wie der Genesungstraum des Krebspatienten. Dieses Buch lesen heißt, im Land der ungeschönten und harschen Wahrnehmung leben – ohne eine Revolution des Strafvollzugs werden wir nie Gesetz und Ordnung bekommen.

Lassen Sie mich von einem anderen Ansatz ausgehen.

Abbott spricht in seinen Briefen davon, wie er sich durch die Lektüre von Büchern bildete, die seine Schwester ihm in einer liberalen Buchhandlung besorgte. Fünfeinhalb Jahre lang las er im Hochsicherheitstrakt mit einer Intensität, die sich in seinem Stil niedergeschlagen hat, Autoren wie Niels Bohr und Hertz und Hegel, Russell und Whitehead, Carnap und Quine. Entscheidend war jedoch Marx. Wir haben hier das Phänomen eines jugendlichen Delinquenten, der in Erziehungsanstalten aufgewachsen ist und einen Mithäftling ersticht, Drogen nimmt, wo er nur kann, fünf Jahre in Sicherheitsverwahrung Bücher liest, bis sein Schädel zu platzen droht, und dann wie Marx versucht, die Welt mit seinem Geist zu erfassen und danach eine umfassende Sicht der Gesellschaft zu entwickeln. Die Dreistigkeit des jugendlichen Straftäters wird zur Kühnheit des autodidaktischen Intellektuellen. Wir brauchen wohl den zärtlichen Katalysator des Herzens, um uns vorzustellen, wie es sein muß, wenn man mit einem solchen Hunger allein lebt und sich das Fleisch und die Knochen der Kultur aneignet, ohne die Suppe zu haben. Abbott bemüht sich, die Welt zu verstehen, er möchte die Welt mit seinem Geist beherrschen, doch in seinem ganzen Leben als Erwachsener hat er nur sechs Wochen in der Welt gelebt! Er kennt das Zuchthaus wie der Fährmann die Überfahrt zum Hades. Aber die Welt kennt er nur durch Bücher. Er ist das edle Äquivalent von Chauncey Gardner, Jerzy Kosinskis verkommenem Beobachter, der die Welt durch einen Fernseher kennenlernt. Aber was für ein ungeheures Mahl hat Abbott eingenommen. Er hat das Fleisch der Kultur mit den Fingern zerrissen, er hat die Knochen mit seinen eigenen Zähnen zermalmt. Deshalb besitzt er einen Geist wie kein anderer, den ich kenne. Er spricht aus dem 19. ebenso klar wie aus dem 20. Jahrhundert. Es gibt Augenblicke, in denen der Mann, der zu uns spricht, der direkte, von keinem Finger der Geschichte berührte Abkomme von Marx und Lenin ist. Abbott, halb Ire und halb Chinese, hat sogar ein bißchen Ähnlichkeit mit Lenin, und auf einigen dieser Seiten glauben wir Wladimir Iljitsch Uljanow selbst reden zu hören.

Das bietet eine Gewißheit. Niemand von denen, die dieses Werk lesen, wird mit allen Ideen Abbotts übereinstimmen. Das ist unmöglich. Einerseits ist er der zornige Überlebende des ultrarevolutionären Credos der Unabhängigkeitserklärung – *»Leben, Freiheit und das Trachten nach Glück«*. Freiheit und Gerechtigkeit sind Sauerstoff für Abbott. Er schreibt sogar: »Nach meiner persönlichen Erfahrung ist Ungerechtigkeit vielleicht der *einzige* (und bestimmt der *wichtigste*) Grund für Wahnsinn hinter Gittern. Sie würden staunen, wenn Sie hörten, was ein bißchen *altmodische* Unterdrückung aus einem Menschen machen kann.« Hört, hört! Das ist die Stimme des Teufels. Sobald wir sie hören, wissen wir, daß sie wahr ist. Abbott ist natürlich auch ein Kommunist. Was für einer, weiß ich nicht genau. Er scheint sich sowohl an Mao als auch an Stalin zu orientieren, aber nur vage. Klarer schon ist zu erkennen, daß seine wahren Sympathien bei der Dritten Welt, bei Kuba, Afrika und den arabischen Revolutionären liegen. Wie lange er in einem kommunistischen Land überleben würde, weiß ich nicht. Es ist offensichtlich, daß wir beide uns in dieser Frage nicht einigen würden. Wir haben darüber ein wenig hin und her geschrieben, aber nicht viel. Ich finde keinen Gefallen mehr an Polemik, während er sie genießt. Außerdem habe ich mein Leben nicht im Gefängnis verbracht. Ich kann mir die dekadente Verzweiflung leisten, die Sowjetunion genauso abscheulich zu finden wie Amerika, aber ich hatte auch Gelegenheit, Delegationen sowjetischer Bürokraten zu treffen, und die sehen aus wie Gefängnisaufseher in Gefängnisanzügen. Ich bin frei, also kann ich mir diese Feststellung erlauben. Wenn ich mein junges Leben aber hinter Gittern zugebracht und entdeckt hätte, daß die Beamten meines eigenen Landes meine Feinde sind, würde es mir sehr schwer fallen, nicht zu glauben, die Beamten eines anderen Landes seien vielleicht von einer höheren Philosophie erleuchtet.

Ich sage das und füge hinzu, daß mich die literarische Qualität von Abbotts Gefängnisschilderungen mehr beeindruckt als seine pauschalen Analysen der Außenpolitik und Revolution. Das eine ist für mich das Fleisch und die Knochen – das andere ist die Suppe, die er nicht gehabt hat. Aber ich rümpfe nicht die Nase. Er hat seine revolutionären Ideen aus den Schmerzen und Wunden geschmiedet, die das Leben im Gefängnis seinem Fleisch und seinen Nerven zufügte. Möglicherweise wäre er nach zehn Jahren Freiheit genauso revolutionär oder noch revolutionärer. Oder ein völlig anderer Mensch. Ich hoffe, wir werden Gelegenheit haben, das herauszufinden. Während ich diese Worte schreibe, sieht es ganz so aus, als würde Abbott diesen Sommer auf Bewährung entlassen werden. Es ist gewiß Zeit, daß er herauskommt. Für jeden Häftling gibt es einen Punkt, wo er dem Gefängnis nichts mehr abpressen kann, nicht einmal die Erhaltung seines Willens, und ich meine, Abbott hat diesen Punkt erreicht. Während wir, wenn er herauskommt, vielleicht einen neuen, einen sehr großen Schriftsteller unter uns haben werden, denn er hat sich im Feuer gehärtet und muß die halbe Welt erst noch entdecken. Wenn wir bei jungen Autoren von potentieller Größe sprechen, steht die Chance, daß wir recht behalten, immer nur eins zu hundert, aber diese Chance ist bei Abbott so groß, daß er die Idee von der Literatur als eine Form menschlichen Ausdrucks, die alle Hindernisse überleben wird, aufs neue bestätigt. Ich liebe Jack Abbott, weil er überlebt hat und weil er gelernt hat, so hervorragend zu schreiben.

Norman Mailer
März 1981

Vorwort

Zur Kritik an den ökonomischen Gesetzen der Bourgeoisie, die auf der Beziehung zwischen Robinson und Freitag beruhen – und Schulkindern noch heute so routinemäßig eingepaukt werden wie das Leben Jesu –, schreibt Engels in *Herrn Eugen Dührings Umwälzung der Wissenschaft (»Anti-Dühring«):*

»Erinnern wir uns indes zuerst, wie die Sache bei Moral und Recht sich entwickelte. Hier fing Herr Dühring ursprünglich mit nur Einem Mann an; er sagte:

›Ein Mensch, insofern er als einzig, oder, was dasselbe leistet, als außer jedem Zusammenhang mit andern gedacht wird, kann keine *Pflichten* haben. Für ihn gibt es kein *Sollen*, sondern nur ein Wollen.‹

Was aber ist dieser pflichtenlose, als einzig gedachte Mensch anders, als der fatale ›Urjude Adam‹ im Paradiese, wo er ohne Sünde ist, weil er eben keine begehn kann? – Aber auch diesem wirklichkeitsphilosophischen Adam steht ein Sündenfall bevor. Neben diesen Adam tritt plötzlich – zwar keine Eva mit wallendem Lockenhaar, aber doch ein zweiter Adam. Und sofort erhält Adam Pflichten und – bricht sie. Statt seinen Bruder als Gleichberechtigten an seinen Busen zu schließen, unterwirft er ihn seiner Herrschaft, knechtet er ihn ...«

Im weiteren erklärt Engels: »Jedenfalls doch wohl, daß wir die alte semitische Stammsage vorziehn, bei der es sich dem Männlein und dem Weiblein doch der Mühe verlohnte, aus dem Stand der Unschuld zu treten, und daß Herrn Dühring der Ruhm ohne Konkurrenz verbleiben wird, seinen Sündenfall konstruiert zu haben mit zwei Männern.« Sündenfall ist soziale Interaktion.

Staatlich erzogene Sträflinge

Ich wollte Ihnen irgendwie die Empfindungen – man könnte sagen, den atmosphärischen Druck – vermitteln, die ein *Dauer*aufenthalt in amerikanischen Strafanstalten mit sich bringt. Dieser Satz sagt nicht genau das, was ich meine. Ich wollte vermitteln, was es heißt, nach einer in Erziehungsanstalten verbrachten Kindheit hinter Gittern zu sitzen. So lange hinter Gittern zu sein, daß man sich kaum noch richtig daran erinnern kann, was man eigentlich getan hat, um dorthin zu kommen. So lange, daß deine Phantasien von der Welt der Freiheit sich nicht mehr ohne weiteres unterscheiden lassen von dem, was du aus eigener Erfahrung von der Welt der Freiheit »weißt«. So lange, daß Freisein exakt dem Traum eines freien Menschen vom Himmel entspricht. Sterben und frei sein ...

Jener Teil von mir, der nur in meinen Leidenschaften und Emotionen existiert und nie *tatsächliche* Objekte wahrnimmt oder empfindet, erfährt diese Welt als einen abscheulichen Alptraum. Ich spreche jetzt von dem *Ich* in meinen Träumen – das in meinen Träumen als *Ich* erscheint, das sowohl Subjekt als auch Objekt all jener surrealen Symbole ist. Das innerhalb meines Lebens umherschweift, innerhalb meiner selbst, auf einer, laut Johannes vom Kreuz, nächtlichen Suche nach Erfüllung. Wenn man von den Geistern der Toten spricht, die nachts mit einer Bürde aus ihrem Leben umherirren, so beschreibt man ungefähr meine subjektive Erfahrung dieses Daseins.

. . . Ich habe mich nun schon so viele Jahre verzweifelt um Flucht bemüht, daß ich fast automatisch stets zu fliehen versuche. Meine Augen, mein Gehirn suchen überall, wohin ich geschickt werde, Fluchtwege, so wie die Augen, das Gehirn eines anderen Gefangenen Freundlichkeit,eine Zuflucht oder einen warmen, stillen Winkel suchen, wo er ausruhen und sich geborgen fühlen kann. Oft, für meinen Geschmack viel zu oft, finden diese Augen und Gehirne dann mich.

Einmal bin ich ausgebrochen. 1971 war ich anderthalb Monate in der Welt der Freiheit. Ich befand mich in einem Hotelzimmer in Montreal, Kanada. Ich schlief. Ich war seit etwa drei Wochen flüchtig. Manchmal fuhr ich nachts schweißgebadet aus bösen Träumen hoch. Ich hatte vom Gefängnis geträumt. Als ich im Gefängnis *war*, muß ich alle Furcht beiseite gedrängt haben, bis mir Furchtlosigkeit zur Gewohnheit wurde. Aber jener Teil von mir, den ich meine subjektive Seite nenne, fühlte diese Furcht *doch*, in jeder Minute des Tages. Der Abscheu und das nackte Grauen, die ich in mein Innerstes gedrängt hatte, kamen nun in Träumen an die Oberfläche. Eines Morgens wachte ich auf und bekam einen gräßlichen psychologischen Schock. Ich hatte *vergessen*, daß ich frei war, daß ich ausgebrochen war. Ich konnte nicht fassen, wo ich war. Ich war in einem netten Hotelzimmer mit hübschen Möbeln. Ein Fenster stand offen, und die Sonne schien herein. Es gab keine Gitter. Die Wände waren mit einer reichgemusterten Tapete beklebt. Mein Bett war breit und bequem. Und so weiter. Ich muß eine Stunde vor Schock und Betäubung schwindlig auf dem Bett gesessen haben, ehe mir langsam dämmerte, daß ich geflohen war.

So können wir im Gefängnis alle standhalten wie gute Soldaten, uns stählen. Wenn man das aber allzu lange tut, verliert man sich selbst. Tief in uns allen steckt nämlich etwas sehr Verletzliches und Schwaches und Unschuldiges – so etwas wie ein hilfloses Kleinkind –, das so schrecklich leidet, wie wir kein Insekt leiden lassen würden.

So zerreißt das Gefängnis mich innerlich. Es schmerzt Tag für Tag. Jeder Tag entfernt mich weiter von meinem Leben. Und ich bin mir noch nicht einmal bewußt, wie dieser langsame Prozeß der Auflösung vor sich geht. Deshalb kann ich ihn nicht aufhalten.

Ich rede nicht über diese Gefühle. Ich habe nie viel Zeit damit verbracht, über sie nachzudenken. Mehr noch, ich denke erst jetzt, während ich dies schreibe, über sie nach. Ich finde es schmerzhaft und irritierend, in einen Spiegel zu schauen. Wenn ich im Gang an einem Fenster vorbeigehe und zufällig mein Spiegelbild sehe, werde ich wütend. Ich empfinde Scham und Haß. Wenn ich mit anderen Häftlingen zusammen bin, kann ich mich kaum bezwingen, nicht auf sie einzuschlagen. Ich spüre eine solche Feindseligkeit, einen solchen Haß, ich kann nichts an dieser Wut ändern. Ich habe sie all diese Jahre gespürt. Paranoid. Ich kann sie unter Kontrolle halten. Ich suche nie eine Konfrontation. Ich muß meine Stimme bei einer Unterhaltung bewußt steuern, um den Zorn, den ich fühle, das Chaos und den Schmerz kurz unter der Oberfläche dessen, was wir gemeinhin als Realität anerkennen, zu kaschieren. Paranoia ist eine Krankheit, die ich mir in geschlossenen Anstalten zugezogen habe. Sie ist nicht der Grund für meine Zwangsaufenthalte in Erziehungsheimen und Gefängnissen. Sie ist die Folge, nicht die Ursache.

Was würden Sie dazu sagen, wenn man Sie jeden Tag Ihres Lebens zwänge, schon morgens beim Frühstück neben einem stinkenden, dummen Wermutbruder zu sitzen? Oder wenn Ihnen irgendein mieser Idiot in seiner unendlichen Ignoranz jeden Moment zurufen (zunuscheln) kann: »Gib mir ’ne Zigarette, Mann!« Und ich blicke in seine wäßrigen Augen und möchte ihm dort vor Gott und allen anderen ein Messer in den Bauch jagen.

... Stellen Sie sich tausend andere tägliche Eingriffe in Ihr Leben vor, jeden Tag, jede Stunde, jede Minute, und Sie können die Quelle dieser Paranoia, dieser Wut begreifen, die mich jeden Moment verzehren konnte, falls ich die Beherrschung verlor.

LÜGEN

Was man sagt und tut, ist scheißegal.
Die Augen wissen es.
Das legislative Vermögen des Geistes
Kümmert sich nicht um Äußerlichkeiten und Worte
Nichts ist vorbei und vergessen.
        Nichts.
Nicht mal deine Wut.
Vor allem deine Wut nicht.
Entschuldige dich also nicht bei mir.

Ich ging gebeugt unter deinem Herzen,
Jene eiskalte Krone
Mit dem funkelnden Juwel
Des Widerspruchs in deinen Augen.

Ich glaube, ich sollte sie
Aus deinem Schädel reißen
Und mit der Faust zerquetschen

– Nimm doch einen Hund, um zu sehen,
Nimm doch Augen, die japsen und schlabbern,
Augen, die auf allen vieren kriechen –
Augen, die sich beim Klang meiner Stimme ducken;
        Lüg mir dann was vor.
Sag mir, das Leben sei gut zu dir
– Wenn all deine Erinnerungen
Zum umgewandelten Bild, zur Idee destilliert sind,

Zur Idee einer mechanischen Hand, die sich ausstreckt,
Um dir die Augen herauszureißen.
Lüg mir dann was vor.
Lüg mir dann was vor, Hundeauge.
Lüg mir dann was vor.

Das ist ein Gedicht, das ich in den Armen der Knastmuse *Paranoia* geschrieben habe: im Loch.

Fähig zu sein, etwas so Verrücktes zu schreiben – fähig zu sein, nichts anderes zu schreiben, das meine soziale Reaktion auf das Leben ausdrückt –, ist für mich sehr verwirrend.

Ich schrieb es heute morgen bei der infernalischen Randale von hundert Häftlingen in Einzelkäfigen – Randale von Drohungen und Flüchen, als gäbe es kein Morgen.

Ich wurde am 21. Januar 1944 auf dem Militärstützpunkt Oscoda, Michigan, geboren. Ich wanderte praktisch seit meiner Geburt von einem Pflegeheim ins andere. Meine formale Bildung: Ich habe nie die sechste Volksschulklasse beendet. Mit neun fing ich an, lange Aufenthalte in geschlossenen Heimen für Jugendliche zu absolvieren. Mit zwölf wurde ich auf die Besserungsanstalt des Staates Utah geschickt. Einmal entließ man mich für zwei Monate auf »Bewährung«, dann mußte ich zurück. Mit achtzehn wurde ich als erwachsen entlassen. Fünf oder sechs Monate später landete ich für das Verbrechen »Ausstellen eines ungedeckten Schecks« im Staatszuchthaus Utah. Ich kam mit einer unbestimmten Haftstrafe – maximal fünf Jahre – hinein. Etwa drei Jahre später, ich war nicht entlassen worden, tötete ich im Mitteltrakt einen Häftling und verwundete einen anderen. Für dieses Kapitalverbrechen wurde ich nach dem alten Häftlingsstatut verurteilt, das, wenn heimtückischer Vorsatz nachgewiesen wird, die *To-*

desstrafe oder aber eine Haft von drei bis zwanzig Jahren vorsieht. Ich erhielt letzteres. Eine Haftstrafe von »unbestimmter Dauer« rechtfertigt das Konzept der »Bewährung«. Gutes Verhalten entscheidet darüber, wie lange man im Knast bleibt. Das Gesetz schreibt nur ein Mindestmaß und ein Höchstmaß vor – dabei wird stillschweigend davon ausgegangen, daß *niemand* die Höchststrafe absitzt. In meinem Fall eine falsche Voraussetzung. Mit sechsundzwanzig floh ich für ungefähr sechs Wochen.

Ich bin jetzt siebenunddreißig. Seit meinem zwölften Geburtstag habe ich insgesamt neuneinhalb Monate in Freiheit verbracht. Ich bin viele Male zu Einzelhaft verurteilt worden. Allein drei Strafen betrugen insgesamt über zehn Jahre Einzelhaft. Ich schätze, ich habe gut vierzehn oder fünfzehn Jahre in Einzelhaft gesessen. Das einzige schwerwiegende Delikt, das ich jemals in der freien Gesellschaft verübte, war ein Bankraub in meiner Zeit auf der Flucht.

Es war ein großes rotes Backsteingebäude mit zwei Flügeln. Ich glaube, es war viergeschossig. Es war von der U.S. Army erbaut worden, als der Bundesstaat noch ein Territorium war. Es war eines von mehreren Gebäuden, die der Armee als Militärstrafanstalten gedient hatten. Diese Anstalten waren schon vor langer Zeit in staatliche Hände übergegangen und dienten nun dem Jugendstrafvollzug.

Im Keller des großen roten Backsteingebäudes befanden sich Reihen von Einzelzellen. Man konnte den Keller nur von draußen betreten.

Ich bin ungefähr zwölf oder dreizehn. Es ist Winter. Ich marschiere in einer langen Doppelreihe von Jungen. Wir marschieren zum Speisesaal. Ein Aufseher beobachtet uns, während wir auf ihn zu marschieren. Ein Aufseher geht hinter uns, während wir marschieren.

Meine Hoden ziehen sich zusammen, mein Blut rauscht, und meine Augen brennen, tun weh. Mein Herz hämmert, und ich versuche angestrengt, langsam zu atmen, mich zu beherrschen.

Ich blicke immer wieder kurz zu den Aufsehern: vor und hinter der doppelten Marschsäule.

Die Felder sind umgepflügt und von einer verharschten Schneedecke überzogen. Ich weiß nicht, wie weit hinter den Feldern meine Freiheit liegt.

Plötzlich wirbelt mein Komplice vorne herum und fällt über den Jungen hinter ihm her. Der vordere Wärter ist wie ein Bluthund auf den beiden – drischt sie zusammen. Sekunden später rennt der hintere Wärter nach vorn, streift mich im Vorbeilaufen.

Ich breche aus der Marschsäule und renne um *mein Leben*. Ich mache so große Sprünge und laufe so schnell, wie ich nur kann, aber die Beine eines 1,37 Meter großen Jungen können keine sehr großen Sprünge machen.

Die Felder sind vor mir, ein unbewegtes Flachland aus Eis und Schnee, und die riesigen Schollen gefrorener, umgepflügter Erde sind für mich gewaltige Hindernisse. Der Himmel ist hellblau, fast weiß. Die Luft ist klar.

Ich habe noch keine fünfzig Meter zurückgelegt, als ich höre, wie die Jagd beginnt: »He! Stehenbleiben!« Ich weiß sofort, daß sie mich kriegen werden, aber ich laufe weiter.

Ich fühle den Schlag seiner Faust nicht. Ich bin einen Moment lang in der Luft, und dann rolle ich auf gefrorenen Erdschollen. Ich werde hochgezerrt; einer meiner Arme wird mir hinter den Rücken gedreht; in meinen Lungen brennt die kalte Luft; meine Nasenflügel blähen sich. Ich versuche bereits, mich für die bevorstehende Strafe zu stählen.

Die anderen Insassen stehen, flankiert von Aufsehern, in einer langen geraden Linie, und ich werde an ihnen vorbeigeschleppt. Ich respektiere sie nicht, weil sie nicht fortlaufen werden – nicht versuchen werden zu fliehen. Meine Beine sind zu kurz, um Schritt halten zu können mit dem Wärter, der ohne Mühe meinen Arm hinter meinem Rücken hochruckt, also stolpere ich gedemütigt neben ihm her. Ich bemühe mich, Würde zu wahren.

Ich sehe die Tür zum Keller des roten Backsteingebäudes, wir nähern uns ihr schnell. Eine Schneeflocke dringt mir ins Auge und schmilzt. Es fängt leicht zu schneien an.

Oben an der Treppe zum Keller werde ich gegen eine hohe schwarze Stahltür geschleudert. Ich stehe in Habachtstellung daneben, als der Aufseher ein riesiges Schlüsselbund herausholt und damit an die Tür scheppert. Wir werden durch eine Luke gemustert. Die Tür gähnt auf, und ein alter Wärter erscheint, glotzt mich hämisch an.

Wir gehen hinein. Wir stehen am oberen Ende vieler breiter Betonstufen, die zum Fußboden des Kellers führen. Ich werde die Treppe hinuntergeworfen, ich liege auf dem Fußboden und warte. Meine Nase blutet, und mir klingen die Ohren von den vielen harten Schlägen auf meinen Hinterkopf.

»Aufstehen!«

Sofort werde ich wieder niedergeschlagen.

»Ausziehen!«

Ich stehe zitternd da und werfe meine Sachen von mir. Seine Hände zerren mich an den Haaren, aber ich wage nicht, mich zu rühren.

»Umdrehen!«

Ich drehe mich um.

»Bücken!«

Ich bücke mich. Er inspiziert meinen Anus und meine Geschlechtsteile, und ich beobachte ihn ängstlich und hoffe mit aller Kraft, daß er mir dort nicht weh tun wird.

Er befiehlt mir, ihm zu folgen.

Wir betreten einen Gang zwischen massiven Stahltüren. Der Gang ist schmal; er ist höchstens einen bis anderthalb Meter breit und schwach beleuchtet. Sobald wir ihn betreten, rieche ich Angstschweiß und spüre Körperwärme in der Luft.

Wir bleiben vor einer der Türen stehen. Er schließt sie auf. Ich gehe hinein. Dabei wird kein Wort gesprochen. Er macht die Tür zu und schließt sie ab; ich kann seine Schritte hören, als er den dunklen Gang hinuntergeht.

Die Zelle hat ein vergittertes Fenster mit einem alten Einsatz aus dickem Maschendraht. Es befindet sich auf gleicher Höhe wie der Boden draußen. Die noch vorhandenen Scheiben sind von jahrzehntealtem Schmutz verkrustet, und der Maschendraht sorgt dafür, daß man sie nicht putzen kann. Ich spähe durch die zerbrochenen Scheiben und laufe im Geist wieder frei und ungehindert über die Felder. Eine dicke Sperrholzplatte auf eisernen, am Boden festgeschraubten Beinen ist mein Bett. In der Ecke, neben einem Waschbecken mit fließend kaltem Wasser, steht eine altmodische Kloschüssel. Hinter einem dicken Maschendrahtgitter an der Wand verbreitet eine schwache Glühbirne gelbliches Funzellicht.

Die Wände sind mit Namen und Daten bedeckt – einige Daten liegen zwanzig Jahre zurück. Sie wurden in die Wand gekratzt. Überall sind krakelige, von einem Pfeil durchbohrte Herzen und Kreuze. Überall stehen die Worte: »Mamma«, »Liebe«, »Gott« – die Wände schwitzen und sind kalt und klamm.

Da sie mir nur meine Unterhose gelassen haben, laufe ich hin und her, um warm zu bleiben.

Als sie mir abends das Licht ausgeknipst hatten, weinte ich hemmungslos. Sechzig Tage Einzelhaft waren damals eine lange, lange Zeit für mich.

Jedesmal wenn der Schlüssel des Wärters im Schloß meiner Tür rasselte, um eine »Mahlzeit« zu signalisieren, und ich nicht in Habachtstellung in der anderen Ecke der Zelle stand und zur Tür hinsah, warf er das an einer schweren Kette hängende Schlüsselbund nach mir.

Ich bekam dreimal am Tag ein Drittel von einer normalen Portion. Nur einmal die Woche holte man mich aus der Zelle und befahl mir zu duschen, während der Wärter in der Tür des Duschraums stand und mir drei Minuten gab.

In unseren Zellen eingeschlossen, konnten wir uns nicht sehen, und wenn wir dabei erwischt wurden, wie wir uns von Zelle zu Zelle laut unterhielten, wurden wir zusammengeschlagen. Wir klopften Botschaften, aber wenn sie unser Klopfen hörten, wurden wir zusammengeschlagen – die ganze Zellenreihe, ein Kind nach dem anderen.

Ich saß fünf Jahre in dem großen roten Backsteingebäude ab, zwei oder drei davon in Einzelhaft. Als ich es verließ, galt ich als erwachsen, den Gesetzen für Erwachsene unterworfen.

Ich saß so lange, weil ich mich nicht der Anstalt anpassen konnte und über zwanzigmal zu fliehen versuchte. Gesessen hatte ich für das »Jugenddelikt« der »Unfähigkeit zur Anpassung an Pflegeheime«.

... Der Staatszögling – seit einem frühen Alter vom Staat aufgezogen, nachdem man ihn aus einer, so der Staat, »zerrütteten Familie« entfernt hat – erfährt immer wieder, an jedem Tag seines Lebens, daß die Leute, die der Gesellschaft angehören, alles mit ihm machen können, ohne vom Gesetz bestraft zu werden. Alles mit ihm machen können, mit der ganzen Autorität des Staates hinter sich.

Als Kind muß er im Gleichschritt zum Essen in einen riesigen Speisesaal marschieren. Er darf nur drei Hemden besitzen, zwei Hosen und ein Paar Schuhe.

Vertreter der Gesellschaft werden vom Staat auf ihn losgelassen und verletzen und beleidigen ihn. Jeder aus der Gesellschaft, mit dem er in Berührung kommt, steht irgendwie im Dienst des Staates. Er lernt es, diese Vertreter der Gesellschaft zu meiden. Er geht ihnen mit jedem Schritt aus dem Weg.

In *jedem* amerikanischen Bundesstaat kann solch ein Staatszögling von jedem, der kein »Strafregister« hat, niedergeschossen und wie ein Hund getötet werden, und es bleibt völlig ungestraft. Ich übertreibe keineswegs. Für Männer, die vom Staat zu Gefangenen herangezogen wurden, ist dies eine ganz normale Tatsache, eine Binsenweisheit. Sollte ein Häftling diese Dinge anzweifeln, würden wir anderen folgern, daß er den Verstand verloren hat. Er bezweifelt etwas, das für uns auf der Hand liegt: eine ganz alltägliche Tatsache.

... Meine Gedanken kreisen immer wieder um einen der wesentlichsten Punkte, in dem sich gewöhnliche Häftlinge, die zu irgendeiner Zeit ihres Lebens ein paar Jahre absitzen und dann entlassen werden, um nie wieder ins Gefängnis zurückzukehren – oder, wenn sie doch zurückkehren, nur für einen anderen kurzen Zeitabschnitt und später nie wieder –, von jenen Sträflingen unterscheiden, die sogenannte Staatszöglinge sind, das heißt, Häftlinge, die in Strafanstalten vom Jungen zum Mann herangezogen werden.

Ich habe das als eine Form von (seelischer, emotionaler usw.) Labilität bezeichnet. Es besteht kein Zweifel (sagen wir, *kaum* ein Zweifel), daß diese Labilität durch ein in Haft verbrachtes Leben *verursacht* wird. Durch lange Zeiträume im Alter von meinetwegen zehn bis siebzehn oder achtzehn und dann von siebzehn oder achtzehn bis zum Alter von dreißig oder vierzig Jahren.

Man redet heutzutage viel von »gehemmter Pubertät«, und ich glaube, dieses Konzept rührt an den Kern der Labilität von Strafgefangenen, wie ich einer bin.

Jede Gesellschaft gibt ihren Männern und Frauen die Privilegien von Männern und Frauen, von *Erwachsenen*. Männer bekommen, was ihnen zusteht. Von einem bestimmten Alter an betrachtet dich die Gesellschaft als Mann. Man redet dich mit »Herr« an; niemand mischt sich in deine Angelegenheiten ein, schlägt dir ins Gesicht oder ignoriert dich. Die Gesellschaft kümmert sich irgendwie um dich. Du wirst respektiert. Allmählich wirst du in deinem Urteil milder, weil du zu erkennen beginnst, daß es reale Auswirkungen hat; es wirkt sich auf die Gesellschaft, die Welt aus. Die Erfahrung dämpft die Emotionen, weil du dich überall frei bewegen, arbeiten und dich amüsieren kannst. Du kannst jedes Objekt der Liebe, des Vergnügens, der Gefahr, des Profits usw. verfolgen. Du wirst schon durch die Bedingungen deiner sozialen Existenz, durch die Dinge, die du tust und läßt, durch deine Emotionen weitergebildet – und lernst etwas über dich selbst, deine Neigungen, deine Stärken und Schwächen. Mit anderen Worten: du reifst emotional.

Beim Häftling, der vom Staat aufgezogen wurde, ist das nicht so. Als Junge wird er in der Besserungsanstalt dafür bestraft, daß er ein kleiner Junge ist. Im Gefängnis wird er dafür bestraft, daß er versucht, ein Mann in dem oben beschriebenen Sinn zu sein. Er wird im Gefängnis als pubertärer Jugendlicher behandelt. Genau wie man einem Jugendlichen für *jeden* Ungehorsam, *jedes* Aufmucken den Schlüssel für den Familienwagen verweigert, steckt man mich für *jeden* Ungehorsam, *jedes* Aufmucken ins »Loch«. Für Mord komme ich ebenso ins »Loch« wie für den Diebstahl einer Tüte Zucker. In beiden Fällen komme ich wieder aus dem »Loch« heraus, und die Zeit, die ich darin verbringe, ist für beide Delikte die gleiche. Mein Ziel besteht *allein* darin, möglichst keine Indizien zu hinterlassen, die mich dort, in der Welt hinter diesen Mauern, wo ein Anschein von Demokratie herrscht, einer Strafverfolgung aussetzen.

Gefängnisleitungen zwingen Gefangene, in alltäglichen Fragen extreme Entscheidungen zu treffen, die in die logische Schablone des Entweder-Oder passen müssen. Offene Widersprüche sind nicht erlaubt. Man darf sich nicht ändern. Man darf sich nur unterwerfen; »Zustimmung« gibt es nicht (es beinhaltet Gleichheit). Man ist der rebellische Jugendliche, der gehorchen und sich dem Urteil von »Erwachsenen« – *»Tyrannen«* würden sie in einem politischen Zusammenhang heißen – beugen muß.

Ein Strafgefangener, der nicht vom Staat aufgezogen wurde, erträgt den Zustand aufgrund seiner sozialen Reife vor der Inhaftierung. Er weiß, daß es außerhalb des Gefängnisses anders ist. Aber der Staatszögling hat keine Vorstellung vom Unterschied. Ihm fehlt die Erfahrung und damit die Reife. Sein Urteil ist ungemildert, harsch; seine Emotionen sind impulsiv, kraß, nicht gedämpft.

Es gibt Emotionen – ein ganzes Spektrum davon –, die ich nur als Worte kenne, durch Lesen und meine unreife Phantasie. Ich kann mir *einbilden*, ich fühlte sie (wüßte also, was sie sind), aber ich fühle sie nicht *wirklich*. Mit siebenunddreißig Jahren bin ich kaum mehr als ein frühreifer Junge. Meine Leidenschaften sind die eines Halbwüchsigen.

Was ich oben über Emotionen gesagt habe, ist die verborgene, dunkle Seite der Männer, die vom Staat zu Häftlingen herangezogen wurden. Der stinkende Unterleib, den jeder vor jedem versteckt. Es gibt noch etwas. Es ist die andere Hälfte – die mit *Urteilskraft*, *Vernunft* befaßt ist (moralisch, ethisch, kulturell). Es ist die Hülle von Stolz, Integrität, Ehre. Es ist die Hochachtung, die wir naturgemäß für Gewalt, für Kraft empfinden. Es ist das, was uns »einsatzbereit« macht, zu Männern, deren Urteil sich auf andere, auf die Welt auswirkt: zu gefährlichen Killern, die allein handeln und *ohne* Emotionen, mit Vorbedacht und nach Prinzipien, um sich zu rächen, um ihre Prinzipien mit Mordtaten durchzusetzen und zu verteidigen, mit Mordtaten, die sich gewöhnlich der Verfolgung durch das Gesetz entziehen: das ist des einsitzenden Staatszöglings Vorstellung von Mannsein im höchsten Sinn.

Das Vorbild, dem wir nacheifern, ist ein fanatisch aufmüpfiger und entfremdeter Mensch, der sich nicht vorstellen kann, was Verzeihen oder Barmherzigkeit oder

Toleranz ist, weil er solche Werte nie *erfahren* hat. Seinen Gefühlen sind solche Werte fremd, aber er hält sie für Schwächen, weil der prinzipienlose Gesetzesbrecher gerade dank dieser »Schwächen« seitens der Gesellschaft der Strafe zu entkommen scheint.

Wenn man sich aber wie ein Mann (ein Mann, der man ist) benimmt, ist man von vornherein verdammt; man wird gefürchtet und gehaßt. Man ist »verrückt«, jedenfalls nach Auffassung der Behörden – gemäß all ihren Vorurteilen gegenüber dem Knastverhalten.

Können Sie sich vorstellen, wie ich es empfinde, als kleiner Junge und nicht als Mann behandelt zu werden? Solange ich ein kleiner Junge war, wurde ich wie ein Mann behandelt – und können Sie sich vorstellen, was das bei einem Jungen bewirkt? (Ich warte immer noch auf die Jahre, die mir Sinn für Humor schenken werden, aber bis jetzt mangelt er mir völlig.)

Nun ja. Ein Aufseher blickt mich drohend an und sagt: »Warum arbeitest du nicht?« Oder: »Steck dein Hemd gefälligst in die Hose!« Tu dies und tu das. So wie man mit einem kleinen Jungen redet. Das ist etwas, womit ich nicht nur ein oder zwei Jahre, auch nicht zehn Jahre, sondern bis dato achtzehn Jahre fertig werden mußte. Und wenn ich explodiere, dann verbrenne ich mich, weil ich mich wie ein zerknirschter und widerspenstiger kleiner Junge aufführe. Also habe ich, um jene tiefere Demütigung zu vermeiden, eine Methode entwickelt, die ganze Situation umzukehren – und ich werde zu dem Mann, der den kleinen Jungen züchtigt. (Armer Kleiner!) Ich habe teuer dafür bezahlen müssen, nicht nur mit Jahren im Gefängnis oder im »Loch«.

Ich kann mich einfach nicht an den Knastalltag gewöhnen. Das geht nun schon zwanzig Jahre so. Ich habe noch keinen Monat im Bau gesessen, ohne Hausstrafen für Verstöße gegen die »Vorschriften« aufgebrummt zu bekommen. In all diesen Jahren nicht.

Bedeutet dies, daß ich im Gefängnis sterben muß? Bedeutet dies, daß ich mich der »Gesellschaft« außerhalb des Gefängnisses nicht anpassen kann?

Die Regierung antwortet mit *Ja* – aber ich *erinnere* mich an die Gesellschaft, und sie ist nicht wie das Gefängnis. Ich habe das Gefühl, wenn ich mich jemals dem Gefängnis angepaßt *hätte*, könnte ich mich allein schon deshalb niemals der Gesellschaft anpassen. Ich würde binnen weniger Monate wieder hinter Gittern sitzen.

Jetzt sorge ich mich um meine Person, und ich kann nicht zulassen, daß ich mich der Freiheit nicht anpassen kann. Selbst wenn es bedeutet, daß ich mein Leben im Gefängnis verbringe – weil das Gefängnis für mich nichts als Meutern und Revoltieren ist.

... Ein runder Pflock paßt nicht in ein viereckiges Loch. Ich glaube nicht, daß sie mich jemals aus dem Gefängnis entlassen werden, solange meine Freiheit von meiner »guten Anpassung an den Vollzug« abhängt.

In der ersten Zeit bestanden die Wände meiner Strafzellen aus Kesselblech, und ich trat tagelang dagegen, brüllte und schrie – aus keinem ersichtlichen Grund. Ich erstickte damals (das war vor ungefähr sechzehn oder siebzehn Jahren) fast vor Wut, ich konnte kaum reden, selbst wenn ich ruhig war: ich *stotterte* ganz schlimm. Ich pflegte mein Tablett so lässig zu werfen, wie man einen zusammengeknüllten Papierfetzen in einen Mülleimer wirft – aber es war ein Tablett mit Essen, und ich schleuderte es einem Aufseher ins Gesicht.

Das meine ich, wenn ich beschreiben will, wie ein Mann, der nicht ins Gefängnis gehört, auf die Knasterfahrung reagiert.

Teufel, wer weiß, was für »Böses« ich verbrochen hätte, wenn ich nie ins Gefängnis gekommen wäre. Ich sage keineswegs, daß man mich nicht ins Gefängnis hätte stecken dürfen, weil ich nicht ins Gefängnis *gehöre*. Theoretisch sollte *niemand* ins Gefängnis *gehören!* Ich wurde zur Strafe hineingesteckt – und ich hab' sie zufällig bekommen. Ich glaube nicht, daß das bei den meisten Männern so ist, die ins Gefängnis gesteckt werden. Jeder leidet im Gefängnis, aber nicht so.

Ich kann *immer* noch mit keinem Wärter reden, es sei denn, ich hab' ihn in eine Ecke gedrängt und gebe *ihm* Befehle. Manchmal stottere ich immer noch, wenn ich einen Wärter ansprechen muß – ansprechen, ohne gegen die Vorschriften zu verstoßen. Ich kann sie sehr wortreich verwünschen oder beleidigen, aber nur dann, wenn ich gegen eine Vorschrift verstoßen habe oder mir nichts daraus mache, ob ich gegen eine verstoße. Es ist ein sonderbares Phänomen: Leute, die in Gesellschaft stottern, können gewöhnlich *singen*, ohne zu stottern; nun, ich kann *fluchen*, ohne zu stottern.

Es ist unmöglich. Ich gleiche einem jener Narren, die, vor Cäsar und seinen hungrigen Löwen stehend, nur einen einzigen Satz zurücknehmen müssen, um unbehelligt davonzukommen, statt dessen aber trotzdem nicht umhin können, Cäsar mit »du Arschloch« zu titulieren – im vollen Bewußtsein der Konsequenzen. Was mehr ist, ich *weigere mich, zum Märtyrer zu werden;* ich akzeptiere die Konsequenzen nicht und jammere den ganzen Weg bis zum Tod, den ich, wie es *scheint*, selbst gewählt habe.

Wenn ich Cäsar gefallen könnte, dann würde ich es tun, mit tausend Freuden.

Es ist eine beschissene Welt, aber es ist alles, was ich habe.

Ich habe mich nie damit abgefunden, daß ich selbst an allem schuld bin. Sie haben es nie geschafft, mir das einzureden. Das ist der einzige Grund, weshalb ich so lange im Gefängnis gewesen bin.

Die Indoktrinierung beginnt in dem Augenblick, in dem man festgenommen wird. Mit jedem Schritt des Weges, von der Festnahme bis zur Inhaftierung, wird sie gründlicher. Im Gefängnis findet sie ihren umfassendsten Ausdruck.

Jahrelang wird man in jeder Minute gezwungen zu glauben, das Leid, das man erduldet, sei das Ergebnis »schlechten Verhaltens«, also selbstverschuldet. Sie versuchen einen so weit zu bringen, *alles*, was mit einem gemacht wird, blind zu akzeptieren. Aber wenn mich ein Wärter zu Boden schlägt, kann ich nur durch Indoktrinierung zu dem Glauben gebracht werden, ich hätte das selbst verschuldet. Wenn ich ins Loch geworfen werde, weil ich eine Knastvorschrift verletzt habe – weil ich zum Beispiel zu einem »Schwein« frech gewesen bin –, kann ich nur mit Indoktrinierung glauben, ich hätte mich selbst dorthin gebracht.

... Ohne die Bosheit und Ignoranz der Männer, die im Strafvollzug arbeiten, wäre es ihnen vielleicht gelungen, mich all das glauben zu machen.

Einem Strafgefangenen wird eingebläut, daß man von ihm erwartet, *nie* Widerstand zu leisten, *nie* zu widersprechen.

Einem Strafgefangenen wird eingebläut, die Aufseher *anzuflehen* und Schuld für Dinge auf sich zu nehmen, die er nie getan hat.

Ich habe Aufseher gehabt, die behaupteten, ich hätte sie bedroht und mit ihnen gestritten – obgleich ich sie vorher nie zu Gesicht bekommen hatte. Ich bin für Sachen, die ich nie getan hatte, von denen alle wußten, daß ich sie nie getan hatte, vor den Disziplinarausschuß gekommen. Und ich bin für Sachen, von denen *sie wußten*, daß ich sie nie getan hatte, zu Einzelhaft verdonnert worden.

Meine Gefängnisakte enthält mehr Aufseherbeschwerden wegen Gewalttätigkeit als die Akte irgendeines der 25000 Bundeshäftlinge, die im Augenblick einsitzen, und in neun Zehnteln der Anklagen bin ich unschuldig. Aber ich kann nichts dagegen tun, rein gar nichts.

Wenn ich morgen totgeprügelt werden sollte, würde meine Akte der Leichenschaukommission – irgend jemandem mit Untersuchungsbefugnis – vorgelegt werden, und mein »bisheriges Register von Gewalttätigkeiten« würde meine Mörder entlasten. Die Knastleitung könnte im übrigen jede Greueltat gegen mich verüben, und meine »Akte« würde sie freisprechen.

Die Regierung legt dem Richter diese Akte vor, wenn ich eine Zivilklage gegen das Gefängnis einreiche oder Vorführung und Haftprüfung beantrage. Die Akte soll den Richter voreingenommen machen – einen Mann, der mit Freuden jede Gelegenheit ergreift, seine Vorurteile gegen Häftlinge zu bestätigen.

... Verantwortung? Ich bin nicht für das verantwortlich, was die Regierung – ihre Justiz, ihre Gefängnisse – mir zugefügt hat. Ich habe es mir nicht selbst zugefügt.

Das ist nicht leicht zu beweisen; es ist als *Standpunkt* nicht leicht vertretbar. Warum? Weil es mich bisher fast zwei Jahrzehnte hinter Gittern gekostet hat. Meine Verantwortung ist unvergleichlich größer: Ich habe mir das alles nicht selbst zugefügt.

Ich habe keinen Anteil an den Sünden dieses schuldigen Landes; wir sitzen nicht alle »in einem Boot«! Wer in Amerika würde es heute wagen, die gleiche Verantwortung für sich und andere auf sich zu nehmen, die ich und zahllose andere Gefangene auf sich genommen haben?

... Ich weiß, Sie sind nicht so unfair zu denken, ich versuchte, die Verantwortung für mein eigenes »korrumpiertes Ich« auf andere abzuwälzen. Ich tue es in der Tat nicht. Ich habe nur versucht, das Gegenteil deutlich zu machen: daß ich die Verantwortung für mich selbst fordere. Und dabei sind mir im Laufe der Zeit die Gründe für all das aufgegangen. Ich selbst komme ganz gut damit zurecht.

Ich besitze nicht die Zuversicht eines Schlafwandlers, und deshalb ist mein Wunsch, mich zu bessern, in einem spirituellen Sinn sehr bewußt.

Die Existentialisten sagen, sie nähmen alle Verantwortung für ihr Leben und die Welt auf sich. Wer kann das verwerfen? Die Welt staunt darüber, wie »grausam« dies ist! (Sehr komisch, wenn man darüber nachdenkt!) Und dann, wenn die Würfel gefallen sind (Sartres Lieblingsausdruck), »opfert« Sartre sich selbst – Sartre, der nie gespielt hat, aber die Terminologie eines Wagemuts liebt, bei dem man nicht den eigenen Hals riskiert. Es ist dieselbe Art von Verantwortung, die jemand auf sich lädt, der die schlechte Meinung eines anderen über ihn widerspruchslos hinnimmt, indem er den Kopf hängen läßt und alle Beschuldigungen akzeptiert – und dir dann, sobald er dies getan hat, verzagt erzählt, es tue ihm leid, daß es letzte Nacht geregnet habe, es tue ihm leid, daß der Tee teurer geworden sei usw. usw. Er wird sich nur deshalb nicht verteidigen, weil er wirklich schuldig und zu jämmerlich ist, um bestraft zu werden.

Wenn man sagt, man sei *nicht* für das Leben eines Menschen verantwortlich, den man in Notwehr getötet hat, man sei nicht für die Umstände verantwortlich, die einen ins Gefängnis brachten (und einen dort zwei Jahrzehnte festhielten) – wenn man all das seinen Anklägern ins Gesicht sagt, seinen Anklägern, die mit ihren Anklagen auch die Mißhandlungen rechtfertigen, die du von ihnen erdulden mußtest, dann ist man wirklich für seine Worte und Taten verantwortlich. Denn jedesmal, wenn man die Anklagen zurückweist, wird man nur noch *mehr* für Dinge verantwortlich gemacht, für die man nicht verantwortlich ist.

... Ich habe erst kürzlich entdeckt, daß ich mit dreißig Jahren anfing, die Fähigkeit des *Denkens* zu trainieren. Ich bin heute rastloser als mit zehn Jahren – und damals konnte mich *nichts* aufhalten.

Es ist komisch, daß manche von uns nicht allein ihren Standort finden, sondern die Welt auch in allen Einzelheiten kennen müssen, ehe sie sich in sie hinauswagen. Erst jetzt habe ich den Eindruck, daß ich genug weiß, um zu leben, aber es ist gar nicht komisch, daß all das, was ich gelernt habe, vielleicht von mir fordert, dieses Leben fortzuwerfen.

... Ich saß einmal fünfeinhalb Jahre in einer Zelle im Hochsicherheitstrakt, und während mehr als zwei Jahren sprach ich mit keinem Menschen außer meiner Schwester, die mich zweimal im Monat besuchte.

Als ich in den Hochsicherheitstrakt kam, war ich etwa 1,73 Meter groß. Ich hatte noch keinen Bartwuchs und beherrschte kaum das Einmaleins. Als ich herauskam, konnte ich nicht gehen, ohne zusammenzubrechen; ich hatte einen Vollbart und war 1,83 Meter groß. Ich besaß rudimentäre Kenntnisse der Mathematiktheorie und der symbolischen Logik und hatte mich mit allen theoretischen Wissenschaften befaßt. Ich hatte so gut wie alle Klassiker dieser Welt gelesen, vom Altertum bis zum heutigen Tag. Meine Sehkraft war vollkommen, als man mich einsperrte; als ich herauskam, brauchte ich eine Brille.

Mein Glück bestand darin, daß ein Strafgefangener von einer Buchhandlung Bücher beziehen konnte –

solange sie nicht irgendwie pornographisch waren. (Der *Playboy* war damals in Haftanstalten strafbare Konterbande.)

Jahrelang ließ meine Schwester mir von einer bestimmten Buchhandlung Bücher schicken, und der Buchhändler machte ohne Sonderberechnung für mich Titel ausfindig, die er nicht am Lager hatte, und schickte sie mir.

So begann meine Bildung. Sie ist bis zum heutigen Tag nicht abgeschlossen.

... Es gibt nicht viele wichtige philosophische Werke, die ich nicht gelesen habe. Wissen kommt jedoch aus Erfahrung, und Bücher können nur helfen, die Erfahrung zu begreifen. Es ist nicht nur meine persönliche Beobachtung, sondern auch die Erkenntnis aller Gefängnisbehörden: die gefährlichsten Gefangenen – ich meine das auch im »physischen« Sinn – sind »Leser und Schreiber«.

Im Hochsicherheitstrakt saß ich jahrelang *barfuß*, hatte nur meine Bücher und meine Eier und eine Strafausrüstung von weißen Knastoveralls (fünf Nummern zu groß). Romane und Wörterbücher. Und Philosophie, bis sie mir aus Augen und Ohren herauskam – und schließlich dann und wann meinen Mund: neun Zehntel meines Vokabulars habe ich nie *gesprochen* gehört. Zum Beispiel die Worte »College« und »Rhetorik«. Kleine peinliche Momente, als ich entdeckte, daß ich sie mein Leben lang falsch ausgesprochen hatte. Auch das Wort »Guru« – und »a priori«. Irgendwann stieß ich auf alle Wissenschaften – in meinem Fassungsvermögen so naiv, daß ich die Dinge nur so erfaßte, wie sie jemand wie Bohr erfaßt hatte. Ich kann praktische Dinge nur lernen, wenn ich sie vorher in der reinsten theoretischen Form studiert habe. Die Anfangsgründe der Infinitesimalrechnung verstand ich zum Beispiel erst, als ich mich mit dem beschäftigte, was Hertz und – ausgerechnet – Hegel darüber geschrieben hatten. Eine Kinderfibel würde mich *total verwirren.* Theoretische Physik fällt mir leicht, aber bei angewandter Physik komme ich sofort ins Schleudern. Symbolische Logik – Frege, Russell, Whitehead, Carnap, Quine usw. – verstehe ich besser als Volksschulrechnen. In Marx' Erkenntnissen fand alles seinen Ausdruck – und fügte sich auf elegante Weise zusammen. Es ist eine *Welt* der Wissenschaft und Literatur, die die Welt, in der Sie und ich leben, vor uns verbirgt. Es kostete mich viel Anstrengung und Einbildungskraft, um die wirklich bedeutsamen Fortschritte unserer Kultur zu erkennen und mir anzueignen. Als ich mit jener Welt in Berührung kam und bis zu einem gewissen Grad mit ihr kommunizierte, wurde ich frei – bis zu jenem Grad.

Wo Ungerechtigkeit herrscht, sind Bücher eine Gefahr.

Ich habe Strafen abgesessen, nur weil ich um Bücher *bat*. Ich habe allein wegen des Titels von Büchern, die ich las, unter Komplotten und Vorurteilen und der schlimmsten Diskriminierung gelitten. (Sogar ein Buch mit dem Wort *Plato* auf dem Umschlag kann einen in Schwierigkeiten bringen.)

Kein einziges Bundeszuchthaus (und es gibt nur sechs davon, der Rest sind gewöhnliche Gefängnisse) hat eine Gefängnisbücherei. Die Behörden sagen, wir »mißbrauchten« unser Wissen, wenn wir uns nach unseren natürlichen Impulsen bilden dürften. Sie sagen, wir benutzten die *Encyclopaedia Britannica*, um nach den in ihnen enthaltenen Informationen Bomben, Schießeisen, Säuren usw. usw. zu machen. Sie sagen, Marx lüge uns etwas über unsere Lage vor und mache uns unmoralisch und ängstlich und verzweifelt.

Deshalb führen sie jetzt im Vollzug »Bildungsprogramme« durch, das heißt, damit wir *nur das* lernen, was sie für angebracht halten. *Ich bin stolz darauf, daß ich im Knast nie an einem Kurs teilgenommen habe.*

Wenn man fragte, warum Bücher ein so heikles Thema für Gefängnisleitungen seien, würde man über den wundesten Punkt des Knastsystems stolpern. Sie werden das nicht gleich verstehen, weil Sie frei sind und in New York leben. Unterdrückte Männer kennen jedoch den Wert von Büchern, denn sobald sie sich auch nur in *eine* Idee verlieben – oder darauf neugierig werden – und sie weiterverfolgen, sind sie bereits auf dem Weg zur Rebellion. Mit »Rebellion« meine ich die blutigste Gewalt, den brutalsten Mord und die größte Gemeinheit, die Sie sich vorstellen können. Eine kleine Dosis Freiheit im Gefängnis ist ein bißchen wie eine Dosis Heroin – eine Dosis, die einen fasziniert: eine Dosis, die einen süchtig macht – man würde dafür *buchstäblich* töten. Heute haben sie es im Knast auf unseren Geist abgesehen – während sie uns früher mit körperlichen Torturen fertigmachten. Heute steht viel, viel mehr auf dem Spiel. Die gefährlichsten Sträflinge der amerikanischen Geschichte sind die, die heute hinter Gittern sitzen. Sie töten schneller, gezielter, sterben eher für ihre *Überzeugungen* – sind in jeder Hinsicht verfeinerter, raffinierter. Ich glaube, Sie stellen sich das Gefängnis irgendwie als Kaserne vor. Man kann das nicht vergleichen. Man könnte es eher mit einer Gladiatorenschule (richtiger: »Gladiatorengefängnis«) im alten Rom während der Unterdrückung der Sklaven und Christen vergleichen. Wir werden auf natürliche Weise gegeneinander ausgespielt: durch unsere jeweils unterschiedlichen Grade von Stoizismus (auch ein »Klassensystem«), den wir der Gefängnismanipulierung verdanken.

Unsere Bücher verteidigen wir beinahe mit Waffengewalt, im wahrsten Sinne des Wortes. Wir haben *als Häftlinge* keine gesetzlichen Rechte, wir haben nur die normalen Bürgerrechte – auf dem Papier. Die einzigen

»Rechte«, die wir haben, sind ihrem »Gutdünken« überlassen. Also machen wir unsere Rechte auf die einzige Art geltend, die uns möglich ist. Es ist ein Kompromiß, und ich habe sehr große Angst, daß wir als Häftlinge am Ende verlieren werden – aber unsere Niederlage wird die Niederlage der Gesellschaft sein. Wir sind nur ein paar Schritte von der Gesellschaft entfernt. Nach uns kommt Ihr.

Ja, es ist beängstigend, aber noch beängstigender für mich ist die schlichte Tatsache, daß die Gesellschaft nicht mehr wachsam ist und der Regierung allzu sehr traut.

Deshalb schreibe ich Ihnen. Weil mich diese Dinge sehr beunruhigen.

... Ich werde mich weiterhin bemühen, schreiben zu lernen. Aber es ist, als lernte man an Land schwimmen. Ich werde so viel lernen, wie ich nur kann. Es fällt mir schwer, es ernst zu nehmen oder mich dabei wohl zu fühlen. Es ist, als säße ich in einem mit zahlreichem Publikum gefüllten Saal und lauschte, wie feine Herren und Gelehrte Reden und Vorträge über mir heilige Dinge halten. Dann fixiert mich einer über die vielen Leute hinweg und sagt: »So, Jack, jetzt bist du an der Reihe. Komm hier rauf und sag was.«

Es ist nicht schwer, sich meine Verlegenheit auszumalen – und meine Freude: zwei Emotionen, die mich verwirren und in mir ein Gefühl erzeugen, für das ich kein Wort weiß. Dankbarkeit käme ihm vielleicht am nächsten.

Wie gesagt, ich werde es versuchen.

... Ich bin kein Intellektueller, weil meine Gedanken für mich in erster Linie eine Aktionsbasis sind.

Ich habe Ihnen vor langer Zeit geschrieben, daß ich keinen anderen Weg weiß. Niemand, nicht einmal Sie (obgleich Sie mir am nächsten waren, was schon an und für sich irgendwie pathetisch ist), hat je die Hand ausgestreckt, um mir zu helfen, ein besserer Mensch zu werden. Niemand. Ich tue allein mein Bestes, mit den Mitteln, die mir zur Verfügung stehen, und das ist nicht viel.

Ich schrieb Ihnen am Anfang, man könne sagen, ich sei kein bißchen sympathisch. Ich habe nie versucht, etwas zu verniedlichen. Ich habe nie versucht, mich bei Ihnen anzubiedern.

Ich habe nie ein Tagebuch geführt, aber der nächste Ersatz dafür waren meine Briefe an Sie. Mein Leben ist keine »Saga«, und ich finde es nicht gut, daß Sie diesen Ausdruck dafür benutzen. Ich komme mir nicht »heroisch« vor. Ich bin jedoch in einer Lebenserfahrung gefangen, die nicht Gegenstand allgemeiner Erörterung ist. Sie haben Interesse dafür bekundet. Ich wollte dieses Interesse mit meinen besten Kräften befriedigen.

Ich habe Ihnen nie Predigten gehalten oder versucht, Sie zu bekehren. Das verbietet mir meine Achtung vor Ihnen. Außerdem weiß ich besser als die meisten anderen, wie müßig es ist, über solche Dinge zu diskutieren.

Variationen der Bestrafung

Jede Folter hat das Ziel, einem mit Gewalt etwas zu entreißen. Niemand hat das Recht, Jack Abbott von Jack Abbott loszureißen. Mir meine Seele wegzunehmen. Und doch machen sie genau das mit mir. Man hat mich meinen Bedürfnissen und meinem Verlangen entfremdet. Ich möchte nicht eingebildet oder angeberisch klingen, ich kann nur ehrlich sagen, daß ich mir niemanden vorstellen kann, der mehr moralisches Feuer, mehr psychologische Ausdauer und mehr Willenskraft besitzt als ich. Ich habe diese Dinge gemessen, und ich weiß es. Ich habe gesehen, wie Männer rings um mich her im Lauf dieser Jahre moralisch zerbrochen sind, habe gesehen, wie sie allmählich wahnsinnig wurden, gesehen, wie sie ihren Willen der Knastroutine unterwarfen, und ich habe all dem viel, viel länger widerstanden als andere. Der springende Punkt ist also nicht, daß ich auf diesen Gebieten »schwach« bin. Es demonstriert vielmehr die immense Macht, die gewaltigen Kräfte, die eingesetzt werden, um Menschen zu ändern, obgleich *niemand* (weder die Aufseher noch die Bullen, noch die Regierung) diese Macht, diese Kräfte so steuern kann, daß ein Mensch zu dem wird, was wir als einen »resozialisierten« Häftling – folglich einen braven Bürger – betrachten.

... Eine ganze Reihe von Gefängnispraktiken wurden in den letzten fünfzehn bis zwanzig Jahren vom *Gesetzgeber* untersagt, weil sie grausam sind und nicht in die »zivilisierte Zeit« passen, in der wir angeblich leben.

Einige von uns Sträflingen – nicht viele, es sind nur noch ein paar von uns übrig, die *nie* frei waren – sind das Produkt von Knastzuständen, die heute als »verfassungswidrig«, ja sogar als *kriminell* gelten.

Was wird von uns erwartet? Bei *uns* hat sich bislang noch kein Mensch entschuldigt. Dieselben Schweine – oder ihresgleichen – leiten weiterhin die Strafanstalten. Ob sie mich »mögen«? Man sollte es annehmen; keiner von ihnen möchte mich jemals wieder in Freiheit sehen.

Das gehört zur Indoktrinierung. Ich soll *froh* sein, daß die methodischen Folterinstrumente im Gefängnis abgeschafft worden sind! Froh, daß Auspeitschen, körperliche Strafe, Hungerstrafe abgeschafft worden sind.

Aber selbst wenn ich es zu »schätzen« *wüßte*, was würde es mir nützen? Ich bin schon vor langer Zeit um Lichtjahre jeder positiven Wirkung entrückt worden, die eine auf Resozialisierung zielende Strafe haben könnte.

Es heißt affirmative Aktion. Es wird von der Regierung angewendet, um Programme und politische Maßnahmen zu entwickeln, die früheres Unrecht wiedergutmachen sollen, unter denen Minderheiten unserer Gesellschaft gelitten haben.

Ich verstehe die Gerechtigkeit dieser Doktrin sehr wohl – aber die Regierung wird sie nicht auf Männer wie mich anwenden, obgleich sie weiß, daß ich illegale Gefängnispraktiken überlebt habe und von damals bis heute nie die Möglichkeit bekam, das Gefängnis als freier Mann zu verlassen. Ich genieße bei Gefängnisbehörden einen *Ruf*, der in der Zeit entstand, als jene illegalen Zustände herrschten, und der bis heute ungebrochen ist. Ich wehrte mich lediglich gegen Praktiken, die heute »offiziell« abgeschafft sind – aber damals stand das Gesetz nicht auf meiner Seite. Nicht mehr als heute.

... Meine erste Bekanntschaft mit disziplinarischer Langzeiteinzelhaft hatte eine verhängnisvollere und tiefere Wirkung auf mich als irgend etwas anderes in meiner Kindheit.

Als ich zum erstenmal hinter Gitter kam, litt ich jahrelang unter *Klaustrophobie*. Ich habe mein Leben lang keine schrecklichere Qual gekannt. Die Luft in der Zelle verbraucht sich. Du erstickst. Deine Augen quellen hervor; du greifst dir an die Kehle; du schreist wie ein böser Geist. Deine Arme dreschen durch die Luft. Du wankst durch die Zelle, stürzt zu Boden.

Dann bekommst du Krämpfe. Die Wände drängen mit unsichtbarer Gewalt von allen Seiten auf dich ein. Du mühst dich verzweifelt, sie zurückzuschieben. Der Sauerstoffmangel macht dich schwindlig vor Angst. Du fühlst dich hohl und leer. In deiner Magengrube ist ein Vakuum. Du würgst. Du stirbst. Stirbst einen schweren Tod. Einen, der sich Zeit läßt und mit dir spielt.

Die Gesichter der Aufseher sind an der Zellentür – wütend. Die Tür gleitet auf. Die Aufseher fallen über dich her. Zu allem Überfluß kommen die Aufseher in deine Zelle und schlagen dich zusammen!

Deine Matratze wird hinausgeworfen. Dein Bettlaken wird der Länge nach zusammengelegt. Ein Ende wird durch ein Loch über der Stahlpritsche gezogen, die an der Zellenwand hängt. Das andere Ende wird durch ein Loch am anderen Ende deiner Pritsche gezogen.

Deine Knöchel werden zusammengebunden, dann deine Handgelenke. Das Laken läuft dazwischen durch, und nun hängst du wie am Bratspieß da, dein Rücken ein paar Zentimeter über dem Fußboden. Du erstickst. Du wirst umgebracht.

So lassen sie dich die ganze Nacht hängen.

Auf diese Weise »heilte« man mich immer wieder von der Krankheit, die Klaustrophobie heißt. Es dauerte mindestens drei oder vier Jahre.

Ich war zwanzig oder einundzwanzig, als man mich vom Zuchthaus in einen alten Bezirksknast verlegte, wo ich auf meinen Prozeß warten sollte, weil ich einen Mithäftling im Kampf getötet hatte.

Ich versuchte, aus dem Bezirksknast zu fliehen. Die Aufseher nahmen eine alte Zelle in Gebrauch, die fünfundzwanzig Jahre nicht mehr benutzt worden war, und steckten mich hinein, mit einer Hungerkost von einem Napf Brühe und einem harten Zwieback täglich. Es war eine *Dunkelzelle*. Ich bekam eine Schlafunterlage aus Segeltuch, und dann machten sie hinter mir die Tür zu. In der einen Ecke stand ein Eisengestell mit Waschbecken und Schüssel, und sonst gab es nichts darin außer etwa fünf Zentimeter Staub auf dem Fußboden.

Es war *total* dunkel. Von *nirgendwoher* drang ein Lichtstrahl in die Zelle – ich suchte Tür und Wände in den nächsten Tagen zentimeterweise nach einem solchen Strahl ab. Das Dunkel war so absolut, daß ich mir vorkam wie in Tinte getaucht.

An der Tür war ein ingeniöser Apparat. Er war zylindrisch und wurde von draußen mit der Hand betätigt. Der Aufseher stellte den Napf auf eine kleine Plattform in dem Zylinder und legte den Zwieback daneben. Dann schlug er zweimal mit seinen Schlüsseln gegen die Tür, und ich konnte hören, wie der Mechanismus knarrte. Ich kroch zur Tür und tastete mich zum Zylinder hoch. Wenn meine Hände das Essen erreicht hatten, holte ich es vorsichtig heraus und verzehrte es. Dann schob ich den Napf in die Röhre zurück, und er drehte sie so, daß die Öffnung wieder zu ihm wies.

So wurde ich ohne einen Funken Licht abgefüttert. Dunkelheit dämpft die Geräusche. Das einzige Geräusch, das ich – außer meinen eigenen Bewegungen und Lauten – je hörte, war das Peng der Schlüssel und das Knarren der Röhre, einmal am Tag.

Das einzige Licht sah ich, wenn ich die Augen schloß! Dann strahlte es in blendender Helle, bunt wie ein Feuerwerk, vor mir auf. Wenn ich die Augen öffnete, verschwand es.

Es ist eine Sache, sich *freiwillig* für ein Experiment zu melden und damit einverstanden zu sein, in solch eine Finsternis gestürzt zu werden. Daß sie einem aufgezwungen wird, daß einem das Licht *genommen* wird, ist etwas ganz anderes.

Meine Augen dürsteten nach Licht, nach Farbe, so wie der ausgedörrte Mund eines anderen nach Speichel dürsten mag. Sie wurden überempfindlich, wenn ich sie anfaßte; sie explodierten in Licht, in weißen Funkengüssen, die wie aus einem Springbrunnen schossen.

Sobald ich mich in meiner Zelle rührte, stieg mir Staub in die Nase. Insekten krabbelten auf mir herum, wenn ich mich hinlegte; ich wurde ein Knäuel von Spannung.

Ich zählte nach den Mahlzeiten dreiundzwanzig Tage. Dann stand ich einmal durstig auf und tastete mich zum Waschbecken. Ich fühlte den Becher und umschloß ihn mit der rechten Hand. Ich machte kurz die Augen zu, und es regnete Rot und Blau auf mich herunter. Ich öffnete sie bei mitternächtlichem Dunkel. Mit der linken Hand tastete ich nach dem Drücker des Wasserhahns. Ich drückte ihn nach unten und konnte das Wasser tröpfeln hören. Ich hielt den Becher darunter, bis ich glaubte, er müsse voll sein. Dann hob ich den Becher vorsichtig an die Lippen und hielt ihn schräg, um zu trinken.

Ich fühlte, wie mir die Beine, die Bäuche vieler Insekten über das Gesicht liefen, über die Augen, in die Haare. Wie von einem Stromstoß getroffen, warf ich den Becher hin und fuhr mir mit den Händen ins Gesicht; meine Augen schlossen sich, und das Feuerwerk begann von neuem.

Ich hörte in weiter Ferne jemanden schreien, und das war ich. Ich fiel gegen die Wand und wurde wie von einem Katapult an die Wand gegenüber geschleudert. Ich taumelte vor und zurück, von der Tür an die Wände, ich schrie. War wie von Sinnen.

Als ich wieder zu mir kam, befand ich mich in einer normalen Zelle. Sie hatten mich aus der *Dunkelzelle* herausgeholt. Jeder Zoll meines Körpers starrte von Schmutz, meine Haare waren total verfilzt.

Ich glaube nicht, daß Dunkelzellen heute noch in vielen Zuchthäusern und Bezirksgefängnissen benutzt werden ...

... Sie *werden* noch benutzt, und sie werden nicht zu »medizinischen Zwecken« benutzt. Sie werden zur Bestrafung benutzt. Sie heißen *Käfig,* und ich bin viele Male in Käfige geworfen worden – manchmal für viele Monate. Das ist *Gefängnisjustiz.*

In solch einer Zelle gibt es kein fließendes Wasser. Mich fröstelt, wenn ich daran denke, was für diabolische Gehirne solche Strafzellen ersinnen. Hinter dem Ganzen steckt die Absicht, daß der Gefangene in einem Käfig einen Wärter um *Wasser* »ersuchen« muß. Können Sie sich vorstellen, daß ein Gefangener dazu erniedrigt wird, *um Wasser zu betteln?*

Es ist eine große quadratische Betonkiste. Die nackten Wände der Zelle werden nur von der massiven Stahltür unterbrochen. Die ungefähr viereinhalb Meter hohe Decke ist gewölbt, und Tag und Nacht brennt eine nackte Glühbirne.

Wie viele Tage man sich in der Zelle aufhält, erkennt man übrigens nur dann, wenn man zählt, wie oft sie einem das Essen durch die Klappe in der Tür schieben. Wie bringt man das mit der Sache in Beziehung, die man getan hat, um dort hineinzukommen?

Der Fußboden fällt von den Wänden zur Mitte der Zelle hin ab. Er senkt sich allmählich, wie der Boden eines Spülbeckens. Eine Kloschüssel käme der Sache näher. In der Mitte des Fußbodens befindet sich ein *Loch* mit einem

Durchmesser von ungefähr fünf Zentimetern. Zuerst hat man keine Ahnung, wozu es da ist.

Urinflecken und Reste von Exkrementen umrahmen das Loch und hören erst rund dreißig Zentimeter von den Wänden entfernt auf. Der Gestank läßt nie nach.

Es gibt kein Wandgestell, das als Bett dient, keine Pritsche. Es gibt nichts als den Geruch von Pisse und Scheiße und – außerhalb deiner Reichweite – das grelle Licht, das nie ausgemacht wird.

Das Licht ist selbst dann da, wenn du die Augen schließt. Es dringt durch deine Lider und drängt sich grauweiß glühend in deine visuellen Empfindungen, so daß deine Augen nie ausruhen können. Es pulsiert ohne Unterlaß in deinem Gehirn.

Gewöhnlich bekommt man nur eine Unterhose zum Anziehen, und nur wenn man Glück hat, geben sie einem eine Schlafunterlage und ein Laken.

Zuerst achtet man genau darauf, wohin man seine Füße setzt, wegen der Exkremente der Häftlinge, die vor einem da waren. Die ersten langen Tage hockt man meist in Abwehrhaltung mit dem Rücken an einer Wand – am Rand des Schmutzes, der vom Loch über den Fußboden ausstrahlt. Und man starrt in das Loch. Wären es Trostlosigkeit und Verzweiflung, die einem bewußt werden, während man in der Zelle vor sich hin starrt, so würde einen dies wahrscheinlich irgendwie inspirieren. Dichter haben solche Augenblicke besungen.

Aber was dir statt dessen bewußt wird, ist eine Kloakenwelt aus Düsternis und Schleim, eine unterirdische Welt von Dingen, die durch stinkende Fäkalien, Haufen von Scheiße und Kotze und Pisse rutschen und gleiten. Es riecht nach ungewaschenen Füßen und dem Angstschweiß fremder Körper, so daß es einem keine Erleichterung verschafft, die Augen zu schließen.

Und wenn du Wochen und Monate in dieser Zelle verbringst, kannst du all das nicht mehr ignorieren; du mußt »damit leben«, *integrierst* dich und wirst ein Teil davon.

Ich habe nie Durst gelitten. Im Grunde leidet dort niemand Durst. Im Essen ist genug Feuchtigkeit, um das zu verhindern. Aber mein Mund war so ausgetrocknet, daß ich nicht schlucken, nicht reden konnte, wochenlang. Wenn man Wasser haben will, bittet man so: »Wa? Wa?«

Das ist der Käfig. Käfige gibt es nach wie vor in jedem Bundesstaat dieses Landes – mehr noch, die Architekten moderner »Vollzugseinrichtungen« sehen sie in ihren Plänen weiterhin vor.

Jeder geistig gesunde Mensch mag sich fragen: Was für ein schändliches Verbrechen muß ein Mann begangen haben, um eine solche Strafe zu verdienen? Die Antwort: Im Gefängnis genügt ein x-beliebiger Grund. Irgendeine Unbesonnenheit. Ein eingeschmuggeltes Buch. Ein Mord. Ein geklauter Sandwich. Das verträgt sich nicht einmal mit dem Gerechtigkeitsbegriff der Wilden: *Auge um Auge.*

... Früher gab es mal eine Knaststrafe, die *Hungerkost* hieß. Man kam ins Loch und erhielt einmal täglich gerade genug, um zu existieren: um im *Loch* zu existieren, nicht wie ein normaler Mensch.

Das wurde noch vor zehn Jahren praktiziert. In manchen Strafanstalten bekam man einmal täglich Wasser und Brot – aber jene sonderbare Kategorie von Ärzten, die ich mir nur als Folteringenieure vorstellen kann, hatte eine Maximaldauer von *zehn Tagen* Hungerkost festgesetzt. Dann durfte man mindestens vierundzwanzig Stunden pausieren und bekam in diesen vierundzwanzig Stunden die üblichen drei Mahlzeiten. Dann wurde man *wieder* auf zehn Tage Hungern gesetzt – das heißt, wenn man sich im Loch *fehlverhalten* hatte. Sonst kam man nach zehn Tagen aus dem Loch.

Alles in allem wurde ich in drei Jahren *ein ganzes Jahr auf Hungerkost gesetzt.* Das war, als ich, ein Kind von achtzehn, zum erstenmal in ein richtiges Gefängnis kam. Die längste Zeit, die ich im Hungerloch absaß, war etwa siebzig Tage hintereinander.

In jenem Gefängnis konnten sie einen für maximal *neunundzwanzig Tage* mit Loch und Hungern disziplinieren. Gewöhnlich ging das Urteil nicht über vierzehn Tage hinaus. Das war für eine durchschnittliche *Übertretung*, einen geringfügigen Verstoß gegen die Vorschriften.

Einmal kam ich hinein, weil ich auf ein Schwein zurückgespuckt hatte, das mir vorher ins Gesicht gespuckt hatte. Meine Strafen waren *immer* die strengsten, und deshalb bekam ich vom Disziplinarausschuß neunundzwanzig Tage.

Nach irgendeinem ungeschriebenen Gesetz durfte man folgendes bei sich haben, wenn man zum Hungern im Loch verdonnert war:

1. eine christliche Bibel oder ein *Buch Mormon*. Keine andere weltliche oder religiöse Lektüre war erlaubt;

2. einen Overall aus weißem Drillich (die Aufseher auf dem Wachtturm hatten Befehl, auf jeden zu schießen, den sie in dieser Strafmontur auf dem Hof sahen; sie identifizierte einen so, wie ein kahlrasierter Schädel die aufmüpfigen Jungen in der Besserungsanstalt identifiziert hatte);

3. eine Schlafunterlage und ein Laken.

Sonst nichts. Man durfte weder seine Post in Empfang nehmen noch *irgendwelchen* Besuch bekommen. Juristische Schriftstücke von den Gerichten und Anwaltspost waren inbegriffen – in jenem Strafzeitraum konnte einen nicht mal ein Anwalt besuchen. Wenn man die Strafe abgesessen hatte, wurde einem die inzwischen aufgelaufene Post in einem Packen ausgehändigt.

Ich war ungefähr zwei Wochen im Käfig gewesen, als eines Abends, gerade als der Wärter nach seiner Zählrunde hinausging, plötzlich jemand schrie: »Du Hühnerficker!«

Das Schwein rief den Gang hinunter: »Meinetwegen, Abbott! Das gibt wieder eine Meldung!« Dann ging er.

Um mir eine weitere Hungerstrafe zu ersparen, erbot sich der andere Gefangene zu sagen, er sei es gewesen. In jenen Tagen hielten die Gefangenen noch zusammen, und ein Unrecht gegen einen von uns war ein Unrecht gegen uns alle. Ich wies auf diesen Kodex hin und sagte ihm, ich müsse es durchstehen.

Am nächsten Tag brachten die Wärter mich vor den Disziplinarausschuß, und ich wurde zu weiteren neunundzwanzig Tagen verurteilt, abzusitzen im Anschluß an die neunundzwanzig, die ich soeben halb hinter mir hatte.

Etwas später weichte ich meine Bibel im Klo ein und umschnürte sie mit Streifen von meinem Bettlaken, um so etwas wie einen massiven Totschläger zu bekommen. Ich tat es, weil ich am Tag zuvor von Schweinen aufgeschreckt worden war, die angeblich meine Zelle durchsuchen wollten und mich dabei zusammenschlugen. Als der Wärter am nächsten Tag vorbeikam, lockte ich ihn an mein Zellengitter und knallte ihm mit meinem Totschläger eins auf den Kopf; ein tiefer Riß klaffte quer über seiner Stirn.

Ich wurde vor den Disziplinarausschuß gebracht und bekam noch einmal neunundzwanzig Tage, unmittelbar nach den beiden anderen Strafen. Der Oberaufseher schob mir den Papierstreifen mit der Anordnung über den Tisch, und ich nahm ihn, knüllte ihn sorgsam zu einer Kugel zusammen und warf ihn ihm vor den Latz.

Dafür bekam ich weitere neunundzwanzig Tage. Das machte insgesamt viermal neunundzwanzig – fast *vier Monate*.

Als ich die *erste* Strafe abgesessen hatte, gab man mir nicht die drei Mahlzeiten (in vierundzwanzig Stunden). Ich randalierte und bekam noch einmal neunundzwanzig Tage, und dann schließlich noch mal das gleiche.

Insgesamt *sechs Monate*. In Wahrheit bedeutete das die Todesstrafe. Wenn ich so lange auf Hungerkost blieb, würde ich *mit Sicherheit* sterben. Alle Häftlinge und alle

Aufseher wußten das. Der Gefangene, der dem Schwein »du Hühnerficker« zugerufen hatte, war raus aus dem Loch und wieder auf dem Hof; er ging zum Oberaufseher und sagte ihm, um mich zu retten, er habe den Wärter beschimpft, nicht ich. Es nützte nichts.

... Haben Sie schon mal *zwangs*gehungert? Es hat *nicht das geringste* mit Diät oder Fasten zu tun. Diese Dinge nimmt man *freiwillig* auf sich.

Wenn die Gittertür hinter dir zugeschoben wird in dieser Zelle, in der man dich mit Methode hungern lassen wird, stehst du vor der Tatsache, daß du den schlimmsten Abschnitt von allen überleben mußt – die letzten Tage, ehe es vorbei ist. Du mußt mit deinen Kräften haushalten, also darfst du nicht in der Zelle auf und ab gehen; du darfst dich möglichst gar nicht bewegen! Du liegst die Strafe auf der Pritsche ab.

Die meisten Männer, die damals in Hungerhaft kamen, gaben ihre erste Tagesration gewöhnlich dem Mann, der am längsten dagewesen war und sie nötiger hatte. Und *er* gab seine Tagesration am letzten Tag einem, der sie mehr brauchte. Das größere Bedürfnis wurde nach Tagen berechnet, mechanisch.

Zuerst leidet man psychisch. Deshalb klagten Übergewichtige mehr. Sobald es aber ums physische Überleben geht, wird das Leiden real.

Ich erfuhr in jener Zeit ein kleines Geheimnis. Ein Häftling, der über sechzig war, gab es an mich weiter: Kakerlaken liefern Protein. Die Tagesausbeute mit einem Stück Brot vermanschen und wie eine Riesenpille runterschlucken. Ich tat noch mehr, und ehe es vorbei war, mischte ich jedes Insekt dazu, das ich erwischen konnte. Wenn du anfängst, richtig zu hungern, beginnst du innerlich seltsam zu glühen, und auch dein Stoffwechsel verändert sich radikal.

Unter Hungerbedingungen mußt du vielleicht einmal aufs Klo, aber nie öfter als zweimal. Dein Magen schrumpft zu einem harten Ball zusammen. Der Hunger *tut weh*. Wenn der Magen völlig zusammengeschrumpft ist, tut der Hunger nicht mehr weh. Du bist nicht mehr hungrig, obwohl der Schmerz anfängt, den restlichen Körper zu befallen und sich auszubreiten. Deine Gliedmaßen drücken Hunger aus, wenn dein Muskelgewebe sich aufzulösen beginnt. Es ist ein sonderbares Schmerzgefühl. Das Bedürfnis zu essen wird ein Bedürfnis zu schlingen wie ein Tier.

Wenn du dich mit Wasser vollschlägst, verlängerst du nur den Schmerz in deinem Magen und vervielfachst die anderen Manifestationen des Hungers.

Ich ertappte mich einmal dabei, wie ich den Arm eines Schweins in Erwägung zog. Ich nehme an, ein fleischfressendes Tier wird aufgeregt, wenn es sein paarhufiges Abendessen erblickt. Es war, als könnte ich sein Blut riechen.

Ich hatte sechzig Tage hinter mir, als die Häftlinge die Arbeit niederlegten und streikten. Die Schweine füllten sämtliche Löcher mit Streikenden. Der Hunger tat mir inzwischen nicht mehr weh, und meine Muskeln waren praktisch aufgelöst. Meine Vierundzwanzig-Stunden-Pause hatte man mir wieder nicht gewährt.

Ich weiß noch, daß ich meine Tagesration einfach nicht aß und sie aus Solidarität den Streikenden gab. Ich bestand darauf und warf das Essen sogar aus der Zelle, als sie sich weigerten, es zu nehmen. Ich war gleichgültig geworden, beinahe euphorisch. Trotzdem, sagten sie, kroch ich auf dem Fußboden herum und suchte. Ich glaube, ich machte weiterhin Jagd auf meine Käfer. Ich erinnere mich nur noch an eines: Ich sah, daß die Tür meiner Zelle langsam, wie hinter einem bleichen Dunstschleier, geöffnet wurde. Ich hatte jenen ganzen Tag wie durch einen Nebel rufende Stimmen und schlurfende Schritte gehört. Die Häftlinge hatten versucht, eine Geisel zu nehmen, um meine Rettung vom Hungertod zu erzwingen. Ich fand all das erst viel später heraus.

Ich konnte die paar verschwommenen Gesichter, die auf mich zukamen, während ich auf meiner Pritsche lag, kaum ausmachen. Einer der Männer trug mich auf den Armen zum Krankenrevier. Ich erinnere mich vage daran, wie ich den großen Gang entlanggetragen wurde.

Etwa eine Woche später erwachte ich in einer Krankenzelle mit einem Schlauch in der Nase, und neben mir hing verkehrt herum eine Flasche mit einer durchsichtigen Flüssigkeit, von der ein Schlauch in meinen Arm führte.

Wenn sie einen in Einzelhaft oder im Grade (Hochsicherheitsverwahrung) nicht kleinkriegen konnten – und man mußte wirklich ein harter Brocken sein –, steckten sie einen in eine Spezialzelle im zweiten Stock des C-Trakts (ins *Büro* der Todeszellen – der alten Todeszellen): eine Zelle, die C-300 hieß. Es war ein Stahlblechwürfel mit einer massiven Stahltür. Es war die »Gaskammer« – wo sie einen mit Tränengas traktierten und es keine Entlüftung gab. Dort bekam ich einmal eine Woche lang kein Essen. Nur ein Glas Wasser am Tag. Ich war ein bis zwei Wochen an den Boden gekettet. »Normalerweise« war ich nicht angekettet. Einmal lag ich ein Jahr lang darin. Ein andermal riß ich dort sechs Monate ab.

In jener Zelle war ich auch an dem Tag, an dem J. F. Kennedy ermordet wurde (der ganze Todestrakt jubelte; wir hatten es in den Nachrichten gehört).

Ich war an dem Tag da, an dem ein Schwein, das ein Holzbein hatte (ein Schwein, das mir immer ins Gesicht spuckte, wenn die äußere Stahltür geöffnet wurde), die Tür öffnete und verkündete: *»Deine Mutter ist gestern abend abgekratzt!«* – und dann schlug er mir die Tür vor der Nase zu. So erfuhr ich von ihrem Tod.

Kein Mensch hat je so lange in C-300 gesessen wie ich. Und kein Mensch hat je fünf Jahre im Hochsicherheitstrakt gesessen wie ich – von Januar 1966 bis März 1971. Ich mußte ausbrechen, um rauszukommen.

... Ich bin im Grade. Ich gehe nach dem Abendessen in meiner Zelle auf und ab. Ich höre eine Stimme, die vernehmbar durch den Lüftungsschacht in der hinteren Wand meiner Zelle flüstert. Sie sagt: »Ich werd' dich umbringen! Du Hurensohn!« Sie sagt: »Jack! Jack Abbott! Du wirst sterben!« Dann folgen Obszönitäten. Keiner außer mir kann es hören.

Ich stürze wütend zur Lüftung: »Wer bist du?« Erst Schweigen, dann: »Du Arschloch! Ich bin's, Abbott! Ich!«

Ich denke, es ist der Häftling in der Zelle an der anderen Galerie, hinter den Installationsrohren. Ich rufe ihn. Er kommt an *sein* Lüftungsloch. Er sagt mir, er wisse nicht, wovon ich rede. Er geht wieder weg.

Die Stimme kommt wieder. Ich spähe angestrengt durch einen Spalt in der Luftklappe. Ich sehe, wie sich eine Hand bewegt. Es ist ein Schwein.

Ich schreie ihn an, und er *flüstert* laut zurück – Drohungen und Obszönitäten. Ich schreie, daß ich mit ihm abrechnen werde. Er haut ab.

Kein anderer Häftling hat ihn gehört. Ich erzähle ihnen, was das Schwein gesagt hat. Er muß seine Zählrunden machen. Wenn er vorbeikommt, werde ich ihm einen Becher Wasser ins Gesicht schütten.

Er kommt vorbei – grinst mich tückisch an. Ich verpasse ihm seine Dusche. Die Luke wird zugeknallt.

Meine Zellentür wird aufgeschoben. Wärter kommen auf die Galerie gelaufen. Wir wehren uns; sie verschwinden. Sie hatten darauf gewartet, daß ich das mit dem Wasser mache.

Am nächsten Tag bringt man mich vor den Disziplinarausschuß, und ich bekomme neunundzwanzig Tage Loch mit Hungerkost.

Ich sage dem Oberaufseher, daß das Schwein mich durch meinen Lüftungsschacht bedroht und beschimpft hat.

Ein Psychiater sucht mich im Loch auf. Er sagt mir, ich habe Halluzinationen. Ich bekomme dreimal täglich zweihundert Milligramm Thorazin gespritzt.

Ich war damals kaum neunzehn. Ich war einer der ersten Strafgefangenen in diesem Land, die im Gefängnis einer Drogentherapie unterzogen wurden. Heute ist es an der Tagesordnung.

Ich wehrte mich jedesmal, bis ich mich nicht mehr wehren konnte. (Dreimal am Tag kamen fünf oder sechs Aufseher in die Zelle, rangen mich zu Boden und spritzten mir Thorazin.) Es hatte schwerwiegende physische Nebenwirkungen. Damals wußte man noch nicht viel über die Nebenwirkung, die »Parkinsonsche Reaktion« heißt. Der Gefängnisarzt dachte, ich simuliere.

Das brachte mir das erste Blatt meiner psychiatrischen Akte ein.

... Dieser Brief handelt von der Labilität der »Durchgedrehten« im Gefängnis. Er handelt davon, wie man mit uns, die wir unter dieser knastbedingten Krankheit leiden, umzugehen pflegt.

X berichtete mir, einmal habe er Gilmore wie gelähmt gesehen, die Nervenenden seines zentralen Nervensystems waren völlig erstarrt. Heute wird man nicht mehr zu Tode gekreuzigt; die Behörden sorgen nach Kräften dafür, daß das nicht vorkommt. Ich selbst bin hundertmal und mehr mit jenen Anstaltsdrogen gekreuzigt worden, die aus irgendeinem perversen Grund »Tranquilizer« heißen.

Es ist die *Phenothiazin*-Gruppe, und zu ihr gehören Mellaril, Thorazin, Stelazin, Haldol.

Prolixin ist das Schlimmste, was ich je erlebt habe. Eine Spritze hält zwei Wochen an. Alle zwei Wochen kriegt man eine. Die Medikamente dieser Gruppe beruhigen oder sedieren die Nerven nicht. Sie greifen sie an. Sie greifen sie so stark an, daß du die Quelle des Schmerzes nicht lokalisieren kannst. Die Medikamente *drehen deine Nerven um* – gegen dich selbst. Ohne daß du es willst, werden deine Widerstandskraft, deine Entschlußkraft gegen deine eigenen Körpergewebe, deine eigenen Muskeln, Reflexe usw. gerichtet. Diese Medikamente sollen dich physisch so uneingeschränkt auf dich selbst zurückwerfen, daß du dein ganzes Sein nur noch darauf konzentrieren kannst, nicht auseinanderzufallen. (Dir die Schuhe zuzubinden, beispielsweise.) Du zitterst in einem fort.

Alle diese Medikamente können die »Parkinsonsche Reaktion« hervorrufen – eine körperliche Reaktion, die den Symptomen der Parkinsonschen Krankheit entspricht. Deine Kinnbackenmuskeln spielen verrückt, so daß du deinen Mund innen kaputtbeißt und Maulsperre kriegst und pochende Schmerzen hast. Das geht jeden Tag *stundenlang* so. Deine Wirbelsäule wird völlig steif, so daß du kaum den Kopf oder den Hals bewegen kannst, und manchmal biegt dein Rücken sich wie ein Flitzebogen durch, und du kannst nicht aufstehen.

Der Schmerz *frißt* sich in alle deine *Fasern*; du siehst so verschwommen, daß du nicht lesen kannst. Du brennst vor Unruhe, so daß du meinst, du müßtest ständig auf und ab gehen, hin und her laufen. Und sobald du anfängst, hin und her zu laufen, hast du das umgekehrte Gefühl: du mußt dich *hinsetzen* und *ausruhen*. Hin und her, rauf und runter in dem Schmerz, den du nicht lokalisieren kannst; mit einer so grauenvollen Angst, daß du total fertig bist, denn nicht einmal *Atmen* schafft Erleichterung. Manchmal steigt in dir ein Stöhnen oder Wimmern hoch und erreicht die Kehle, und die Leute sehen dich neugierig an, so daß du das Geräusch unterdrückst, als sei es ein Rülpsen – dieses Geräusch, das aus deiner Seele gewrungen wird.

Man kann es sehen. Wir gehen mit steifem Rücken, und wir schwingen die Arme beim Gehen nicht hin und her ...

Wir sind nicht verrückt, warum tun sie es also? Weil sie Angst vor uns haben; wir sind gefährlich. Wir haben vor nichts Angst, was sie uns antun könnten, nicht mal vor den Medikamenten, dem Kreuzigen.

Es gibt sicher welche, die diese Medikamente brauchen; mißverstehen Sie mich nicht. Ich gebe nicht vor, Arzt zu sein. Diejenigen, die sie brauchen, die krank sind, *erfahren* es nur nicht so wie wir. Das wissen sie, die Gefängnisleitung kennt diesen feinen Unterschied.

Es ist wie Elektroschockbehandlung: bei manchen nützt sie etwas. Aber wendet man sie bei jemandem an, der gesund ist und sie nicht aus medizinischen Gründen braucht, so wird sie eine Form von Folter. Sie ist schmerzhaft, ein Alptraum. Vor fünfzehn Jahren benutzte man sie, um Häftlinge zu bestrafen.

Wenn der Oberaufseher und die Schweine dich nicht disziplinieren, nicht einschüchtern und somit verletzen und bestrafen, wenn sie dich nicht *kontrollieren* können, reichen sie dich weiter an einen »Psychiater«, der dich auf eines dieser Medikamente setzt, ohne dich auch nur anzusehen. Weißt du, du tickst eben nicht richtig, wenn du nicht auf die schlimmste »offizielle« Strafe ansprichst, die eine Gefängnisleitung dir rechtmäßig aufbrummen kann. Das ist ihre Logik.

Jahrelang haben sie mich diesen Zyklus wieder und wieder durchlaufen lassen: Oberaufseher-Arzt-Vorschriftenverstoß. Wieder und wieder. Ein Schwein schubst mich, ich schubse *instinktiv* zurück, falle manchmal über ihn her. Das setzt das Ganze in Gang. Es endet damit, daß ich unter den Medikamenten wie ein Idiot stammele und herumtaumele – gewöhnlich sechs Monate bis ein Jahr –, ehe man die Medikamente schließlich absetzt und mich wieder zu den »normalen« Häftlingen in den Haupttrakt steckt. Dort bleibe ich bis zum nächsten »Zwischenfall«, der zu meiner »Bestrafung« führt, und der Zyklus beginnt von vorn, wie ein verrücktes Karussell, ein großes *Karussell*.

Sie wissen genau, was sie tun, selbst wenn sie es nie eingestehen. Sie werden es nicht einmal *mir* gegenüber zugeben. Kein Mensch denkt, daß ich im Knast ein besserer Mensch werde. Warum es also nicht offen aussprechen: Der Zweck des Ganzen ist, mich zugrunde zu richten, mich völlig zugrunde zu richten. Der Zweck ist, mich zu brandmarken, mich quer über das Gesicht mit dem Stempel dieser Bestie zu brandmarken, die sie Strafvollzug nennen.

... Ich schreibe mit meinem Blut, weil ich nichts anderes habe – und weil es äußerst schmerzhaft ist, sich diese Dinge wieder ins Gedächtnis zu rufen. Es nimmt mich unglaublich mit.

... Es gibt eine Redensart: *Der erste Schnitt ist der tiefste.* Glauben Sie das bloß nicht. Der erste Schnitt bedeutet gar nichts. Man kann mir einmal oder zweimal ins Gesicht spucken, und es ist gar nichts. Man kann mir etwas wegnehmen, das mir gehört, und ich kann lernen, ohne es zu leben.

Aber man kann mir nicht zehntausend Tage lang täglich ins Gesicht spucken; man kann mir nicht alles nehmen, was ich habe, eins nach dem andern, bis man schon nach meinen Augen, meiner Stimme, meinen Händen, meiner Seele langen muß. Man kann das nicht tun und sagen, es wäre nichts.

Sie haben mich überempfindlich gemacht – selbst mein Fleisch hat man dazu gebracht, unter Gefühlen und Verlangen zu leiden, die ich vorher nie empfunden habe. Ich bin in Stücke gehackt worden von einem Leben ohne Empfindungen und Gefühle; von so häufigen Schlägen, daß ich jetzt nur noch ein Bündel aus Fleisch und Knochen bin; von Lügen und von Medikamenten, die mein Nervensystem ruinieren. Die endlose *Zeit*schmelze der Haft hat meinen Geist in Stahl verwandelt.

Die Justiz hat mich kaputtgemacht, wie andere Männer von der Liebe kaputtgemacht werden können ...

Einmal wurde ich zur psychologischen Beobachtung von der Bundesstrafanstalt Atlanta in das Bundesvollzugszentrum Butner, North Carolina, verlegt – weil ich angeblich an einer Messerstecherei beteiligt gewesen war, bei der ein Gefängniswärter beinahe ins Gras gebissen hätte.

In Butner erzählte man mir fast unmittelbar nach meiner Ankunft, ein anonymer Spitzel unter den Einsitzenden habe gemeldet, ich plane einen Fluchtversuch.

Ich wurde von etwa zwanzig Wärtern und anderen Angestellten in eine Spezialzelle zur psychologischen Beobachtung gebracht. Butner ist von Grund auf nach beinahe futuristischen architektonischen Konzepten errichtet worden. Es ist außerordentlich modern und könnte leicht als Schauplatz eines Films über das Weltraumzeitalter dienen.

Die Beobachtungszelle, in die man mich brachte, glich einem Aquarium – außer natürlich, daß das Glas vollkommen stoßfest war. Es war unmöglich, eine andere Menschenseele zu sehen oder zu hören oder von jemandem außer dem Gefängnispersonal gesehen oder gehört zu werden.

Der Boden war aus Beton, und in der Mitte gab es ein Abflußloch mit einer runden Gitterabdeckung wie in einem Duschraum.

Eine Stahlplatte ruhte auf eisernen Beinen, die am Boden festgeschraubt waren. Das war das »Bett«, und sonst gab es nichts in der Zelle. Auf der Platte lag eine ungefähr zweieinhalb Zentimeter dicke Schaumgummimatratze.

Ich mußte mich nackt ausziehen und mich auf die Stahlplatte legen. Meine Knöchel wurden an zwei Bettpfosten gekettet, und meine Handgelenke wurden hinter meinem Kopf an die anderen beiden Pfosten gekettet, so daß ich wie auf ein Rad geschnallt dalag.

Es gab ein paar weibliche Angestellte (die meisten gehörten zum Militär). Das war 1976 – gegen Ende des Jahres.

Um zu urinieren, mußte ich meinen Rumpf so verdrehen, daß mein Penis etwas über den Bettrand hing, und der Urin lief dann über den Boden in das oben geschilderte Abflußloch.

Ich wurde bei jeder Mahlzeit gefüttert.

Einen Tag, nachdem man mich angekettet hatte, kamen mehrere Aufseher in die Zelle und schlugen mir mit den Fäusten ins Gesicht, auf die Brust und den Bauch. Ich wurde so heftig gewürgt, daß ich beinahe erstickte, dann hörten sie auf. Meine Kehle wies blaue Würgemale auf.

Ich blieb zehn Tage lang so angekettet – mit *Eisenketten*, nicht etwa mit Lederfesseln –, und während dieser Zeit fielen sie dreimal über mich her.

Schließlich stellte der »Medizintechniker« fest, daß die Nerven in meinen Armen abzusterben begannen – die Partien zwischen Handgelenken und Ellbogen.

Also kamen wieder etwa zwanzig Aufseher. Sie ketteten mich los und gaben mir einen Nylonoverall zum Anziehen. Während ich ihn anzog, blickte ich auf mein Spiegelbild im Fenster: mein Gesicht war schwarz, beide Augen waren geschwollen. Ich war mit blauen Flecken übersät.

Sie legten mir Handschellen und Fußeisen an und brachten mich zum normalen Einzelzellentrakt. Dort wurde mir nur eine Hand an die Eisenverstrebung vom Kopfende des Betts gekettet. Ich konnte stehen. Damals fing ich an, *Ihnen* zu schreiben, im Loch, mit einer Hand ans Bett gekettet.

Ich blieb mit einer Hand angekettet, bis man mich im Eiltempo in die Bundesvollzugsklinik Missouri verlegte. Man nahm mir die Gallenblase heraus. Ich hatte Gallensteine gehabt, und die Schläge hatten sie durcheinandergeschüttelt; ich erfuhr, daß mein Gallenblasengewebe unter dem Druck der gegen die Organwände geschleuderten Steine gerissen war.

... Die Aufseher bilden eine unregelmäßige Gasse von deiner Zelle zum Duschraum. Du mußt die Halle durchqueren, eine Strecke von etwa dreißig Metern. Sie tun so, als wärst du gar nicht da, achten aber genau auf jede deiner Bewegungen. Sie registrieren deinen Gesichtsausdruck, um zu sehen, ob du auch schön demütig, *unterwürfig* bist. Alles andere erregt ihre Wut, ihre Mundwinkel ziehen sich nach unten, sie ballen ihre herabhängenden Hände zu Fäusten.

Du bist nackt. Der Fußboden ist naß von den Häftlingen vor dir, die das Wasser vom Duschraum hereinbrachten. Außerdem sind frische Blutflecken da.

Du starrst auf den Boden. Du mußt die Schultern vorschieben und ein bißchen schlurfen. Du mußt langsam gehen – aber nicht zu langsam. Dein Gang muß ängstlich wirken. Du darfst nicht auf dem Boden ausrutschen.

Leg die Arme zusammen. Leg die Arme hinter dem Rücken zusammen. So überzeugst du sie am besten, daß du nichts anrichten kannst. Es ist eine der Stellungen des harmlosen Irren. Bring sie möglichst dazu, über dich zu lachen. Duck dich ein bißchen; das müßte genügen.

Sagen Sie mir nicht, Sie würden diese Anweisungen nicht befolgen. Man würde Sie zu Boden schlagen. Die Wärter werden nach ihren Fäusten eingestellt. Sie sind Hinterwäldler aus den Ozark Mountains. Wenn sie allein oder zu zweit sind, haben sie Schiß vor jedem. Aber zu sechst oder siebt haben sie vor nichts Angst, was ein – nackter – Gefangener tun könnte. Es spielt keine Rolle, wie stark oder gefährlich der Gefangene ist. Dort nicht.

Alles ist von einem trüben Schimmer umrahmt, der in einem verschwommenen Nebel zerläuft. Dein Verstand arbeitet nicht mehr. Du hast keine Fragen, weder an dich noch an andere. Das kommt daher, daß du unter dem Einfluß eines Phenothiazins stehst – eines (oder einer Kombination) von zehn oder fünfzehn Medikamenten, die unter dieser Gruppenbezeichnung bekannt sind. Mit Terror vermischt, ist es der lebendige Tod.

Sie bewirken alle das gleiche, aber jedes hat seine kleine Eigenheit. Wenn du regelmäßig Mellaril verabreicht bekommst, produzieren deine Testikel kein Sperma mehr. Wenn man dann onaniert – wenn man es irgendwie schafft, mit Wunschbildern eine Erektion zustande zu bringen –, empfindet man beim Orgasmus jenes erlösende Gefühl der Ejakulation, das man empfinden sollte, aber es gibt einen Unterschied: keinerlei Flüssigkeit wird abgesondert, von Samen ganz zu schweigen.

Wenn man die Ursache nicht kennt, empfindet man in seinem betäubungsähnlichen Zustand leicht solche Angst und solches Grauen, daß sie nur schwer zu beschreiben sind. Die Tatsache, daß sie einen sexuell irgendwie verstümmelt haben, vergrößert nur noch deine Verzweiflung.

Sag es aber *auf keinen Fall* dem einen oder den beiden Psychiatern, die jeden Morgen an deine Zellentür kommen. Wenn sein Gesicht im Türfenster erscheint, wenn er wie ein Aufziehmännchen lächelt und sagt: »Na, wie geht's denn heute morgen?« – flieh in dich selbst. Lächle fröhlich und kneif die Augen leicht zusammen, wenn du sagst: »Sehr gut, sehr gut« – sonst wird er die Dosis *verdoppeln.* Sie bestrafen dich, wenn du sie behelligst, wenn du über Komplikationen klagst.

Ich kann verstehen, daß der Geist eines Menschen im Gefängnis manchmal hart wie Stahl wird – nur so kann er der Härte gleich sein, die ihn umgibt.

Onkel Ho schrieb im Gefängnis dieses Gedicht:

> Ohne die Kälte und Trostlosigkeit des Winters
> Gäbe es nicht die Wärme und die Pracht des Frühlings.
> Qualen haben mich gehärtet und gefestigt
> Und meinen Geist in Stahl verwandelt.

Ich habe es in all den dreizehn oder vierzehn Jahren nicht vergessen.

... Als ich über den *zu Stahl gewordenen* Geist eines Gefangenen poetisierte, wollte ich deutlich machen, daß seine *Willenskraft* durch all die Heimsuchungen und Leiden *gestählt* wird – so sehr, daß seine innere Entschlossenheit, seine Kraft der »eisernen Logik« enorm anwachsen, statt geschwächt zu werden. Eine entgegengesetzte Wirkung der Folter. Ich meinte damit eigentlich nicht, daß der Gefangene seine Menschlichkeit verloren hat.

Ich weiß, wie ich alles überstehen kann, was sie sich für mich ausdenken. Sie haben mich in Käfige und Dunkelzellen gesteckt, sie haben mich an Fußboden und Wände gekettet; ich habe natürlich die Schläge überstanden; ich habe *jede* Droge, die von der Wissenschaft entwickelt wurde, um mein Verhalten zu modifizieren, ertragen. Hunger war einmal ein Normalzustand für mich; es macht mir nichts aus, die Insekten aus meiner Zelle zu essen oder in meinen Exkrementen zu vegetieren, wenn es Überleben bedeutet. Sie haben sogar Psychopathen *bewaffnet* und zu mir in die Strafzelle gesteckt, damit sie mich umbringen, und ich bin auch mit ihnen fertig geworden. Das ist der Sinn der Redensart: »Was mich nicht umbringt, macht mich stark.« Aber es ist ein Fehler, dieses Resultat mit *Stärke* gleichzusetzen. Ich bin außerordentlich anpassungsfähig, aber stark bin ich nicht. Ich bin sogar geschwächt. Ich bin empfindlich, schüchtern, introvertiert und mißtrauisch gegen jeden. Ein lautes Geräusch oder eine falsche Bewegung lösen in mir Alarmstufe drei aus. *Aber ich bin nicht ängstlich – und das ist merkwürdig*, weil mir sehr viel daran liegt, eines Tages freigelassen zu werden, und wenn ich mir vorstelle, daß ich niemals frei sein werde, möchte ich weinen. Ich möchte weinen um meine Brüder, mit denen ich ein Leben lang zusammen gewesen bin. Eines Tages werde ich sie verlassen und nie zurückkehren.

... Und wenn sie dir alles angetan haben, wenn sie dir alle Furcht geraubt haben und wenn dir keine Drohung mehr etwas ausmachen kann – wozu behalten sie dich dann noch im Gefängnis?

Es ist gar nicht mehr *möglich*, dich zu bestrafen. Sie haben dich unbestrafbar gemacht. Irrsinn ist das einzig mögliche Ziel, dich im Gefängnis zu behalten. Oder Alter.

Aber aus irgendeinem perversen Grund – ich weiß nicht, *welchem* – habe ich nicht den Verstand verloren. Ich war viele Male nahe daran – habe sogar die Schwelle zum Wahnsinn überschritten –, aber wie sich herausstellte, war es nur ein irrelevantes Vorspiel. Ich pralle immer wieder in die Normalität zurück.

Ich habe gerade jetzt einen solchen Punkt erreicht, ich kann Geistesgestörtheit aus weiter Ferne spüren – ich kann ihre subtilsten Äußerungen sogar bei Menschen sehen, die nicht als wahnsinnig gelten.

Ich möchte das so ausdrücken: Ich bin ein Magnetpol, und Wahnsinn ist ein Pol mit gleicher Ladung. Ich kann von ihm nicht angezogen werden, aber ich kenne ihn durch Abstoßung: durch die Kraft, die mich fortschiebt, noch ehe mir richtig bewußt wird, daß sie da ist.

Das Loch: Einzelhaft

In jeder Zelle des Lochs sitzt immer nur *ein Mann* – sonst wäre es nicht *»das Loch«*. Zwar gibt es auch dort Reihen von Zellen an einer Galerie, aber im Loch – dem richtigen Loch – dürfen nie zwei Männer gleichzeitig aus ihren Zellen raus.

Im Loch redet dauernd irgend jemand. Es ist sonderbar. Ich habe *Kriege* im Loch erlebt. Ich habe sexuelle Liebe im Loch erlebt. Ich habe dort wirklich die *unmöglichsten* Dinge erlebt. Sagen wir, dort gibt es Bewegung, die keine richtige Bewegung ist. Um es zu veranschaulichen: in einem drei Meter langen Raum fünfzehn Kilometer zu laufen ist keine richtige Bewegung. Es sind nicht fünfzehn Kilometer Raum, nur Zeit. Man geht nicht fünfzehn Kilometer weit. Um über das Loch zu schreiben, müßte ich, anders ausgedrückt, solche Gemeinplätze abklopfen.

... Ich habe viele Male um mich geschlagen, wenn sie mich ins Loch schleiften. In Leavenworth wurde ich einmal von der Sicherheitsmannschaft (dem Schlägertrupp) zum Loch befördert. Meine Hände waren hinter meinem Rücken mit Handschellen gefesselt. Ein ungefähr 1,88 Meter großes Schwein, das etwa hundertfünfzehn Kilo wog, war der Boß. Er war vielleicht fünfundvierzig Jahre alt und hart wie Granit. Die Schweine drückten mich der Länge nach mit dem Gesicht nach unten auf den Betonfußboden, schlugen und traten mich. Es war, als hätte ich ein Rudel Wölfe über mir. Der große, der Boß, befahl mir aufzustehen. Er winkte den anderen zurückzutreten – und ich schwöre bei Gott, Sie werden es nicht glauben, aber er fetzte mir mit ein paar Hieben die Kleidungsstücke vom Leib.

Der Stoff schnitt wie ein Messer in meine Haut. Ich stürzte zu Boden, er traf meine Schuhe (Arbeitsstiefel) und knallte sie mir von den Füßen (sprengte einfach die Schnürsenkel auf). Ich versuchte die ganze Zeit, nicht den Kopf zu verlieren; ich verhielt mich passiv und lächelte. Ich nahm an, sie hätten eine solche Angst vor mir, daß sie deshalb zu Tieren wurden, und das stimmte wohl auch, aber ich konnte sie nicht besänftigen. Sie warfen mich damals mit dem Gesicht nach unten in eine fensterlose Zelle. Das Schwein, das mir die Sachen vom Leib gefetzt hatte, ging als letzter. Ich hörte, wie sie rückwärts aus der Zelle traten, und drehte mich auf die Seite. Es tat überall weh. Na ja, dieses Schwein, anscheinend der Abgebrühteste von allen, hatte seinen Schwanz rausgeholt, sein Gesicht war zu einem Grinsen verzerrt, und er wippte in den Knien rauf und runter. Er tat so, als spritze er ab. Dann machte er den Reißverschluß seiner Hose zu und ging hämisch lächelnd hinaus.

... Man hockt in Einzelhaft und schmort im Nichts, nicht nur im eigenen Nichts, sondern auch im Nichts der Gesellschaft, der anderen Menschen, der Welt. Die Lethargie von Monaten, die zu Jahren werden, allein in einer Zelle betäubt jede physische Tätigkeit des lebenden Körpers und würgt ihn langsam zu Tode, ein scheußliches Dahinfaulen bei lebendigem Leib. Man macht in seiner kleinen Zelle keine Liegestütze mehr, betätigt sich nicht mehr körperlich; man geht nicht mehr die vier Schritte in der Zelle auf und ab. Man onaniert nicht mehr; man schafft es nicht mehr, irgendwelche erotischen Wunschbilder heraufzubeschwören, und die Genitalien funktionieren genau wie die Gliedmaßen deines Körpers nur noch insofern, als sie deinen Körper am Leben erhalten.

Die Zeit senkt sich auf die Zelle herab wie der Deckel eines Sargs, der vor deinen Augen langsam zugemacht wird. Wenn du in deiner Zelle liegst, ohne dich zu bewegen oder zu denken, treibst du im absoluten Nichts.

Einzelhaft im Strafvollzug kann die Ontologie eines Steins verändern.

... Meine Jahre in Einzelhaft veränderten mich mehr, als ich zugeben möchte, sogar vor mir selbst. Ich will jedoch versuchen, diese Erfahrung zu schildern, weil Sie Verständnis haben; Sie werden nur das nicht begreifen, was jenseits Ihres Vorstellungsvermögens liegt, weil Sie nicht jahrelang im Loch gelegen haben. Aber Sie *hören zu*, und das ist das einzige, was für mich zählt.

Der Anfang fällt mir schwer. Wie neuerdings jeder Anfang.

Auf jeden Fall passiert da unten im Loch etwas, eine Art Ereignis, das sich jedoch nur in einem Zeitraum von Jahren vollziehen kann. Es läuft auf andere Weise in Zeit und Raum ab als die Ereignisse, die wir normalerweise beobachten.

Es gibt nicht viele Häftlinge, die dieses Ereignis miterlebt haben. Ein Phänomen: die meisten Verbrecher aus meiner Bekanntschaft, die ihr Leben mehr oder weniger hinter Gittern zugebracht haben, erzählen einem unweigerlich, sie hätten *fünf Jahre* im Loch gesessen. Sie lügen alle, und ich habe keine Ahnung, warum sie immer sagen, sie hätten *fünf Jahre* im Loch gesessen. Warum *fünf* Jahre? Ich begreife nicht, wieso sie ausgerechnet auf diese Zahl kommen. Sie sagen nicht etwa »Ich habe *vier* Jahre gesessen« oder »Ich habe *drei* Jahre gesessen« – und auch nicht sechs oder sieben Jahre. Es sind *immer* fünf Jahre. Ich kenne vielleich sechs, die *wirklich* fünf oder sechs Jahre im Loch gesessen haben, aber das sind wenige Ausnahmen.

Doch kehren wir zum Wesentlichen zurück. Sagen wir, du sitzt in einer drei Meter langen und zwei Meter breiten Zelle. Das macht sechs Quadratmeter. Aber deine Pritsche ist knapp einen Meter breit und 1,95 Meter lang. Deine Waschbecken-Klo-Kombination beansprucht mindestens neunzig mal sechzig Zentimeter. Damit bleiben noch ungefähr dreieinhalb Quadratmeter für dich. Es ist praktisch nur ein Gang, gut zwei Meter lang und knapp einen Meter breit – der Rest ist zwischen Kommode und Wand und zwischen dem Fußende der Pritsche und der anderen Wand, für dich also ohne praktischen Nutzen.

Wenn ich ein Tier wäre und im Zoo einen Käfig von dieser Größe hätte, würde der Tierschutzverein den Zoodirektor anzeigen. Es ist illegal, ein Tier so einzupferchen.

Aber ich bin kein Tier, also habe ich keine solchen Rechte.

Mein Körper kommuniziert mit der Zelle. Wir tauschen alles miteinander aus, Temperatur und Luftzug, Gerüche und Überbleibsel auf dem Boden und an den Wänden. Ich versuche ein oder zwei Jahre lang, sie sauberzuhalten, die Spuren meines Vorhandenseins zu tilgen, dann lasse ich es.

Von jenem Punkt an muß ich kämpfen, gegen die Routine, gegen die Eintönigkeit, die mich bei lebendigem Leib verbrennen wird, wenn ich nicht aufpasse. Deshalb lese ich, lese alles, was mir unter die Finger kommt. Deshalb führe ich zuweilen Selbstgespräche, rezitiere manchmal Gedichte.

Ich habe meine Erinnerungen. Ich habe die guten, die schlechten, ich habe die, die keines von beiden sind. Also habe ich *mich selbst*.

Ich habe meinen zwei mal einen Meter großen Gang, und ich laufe, je nach Stimmung, in unterschiedlichem Tempo auf und ab. Ich denke. Ich erinnere mich. Ich denke. Ich erinnere mich.

Es ist, als stünde dein Gedächtnis im Loch still. Ich

denke über alles nach, woran ich mich erinnere, taste es immer wieder von allen Seiten ab. Ich vereinige es mit anderen Dingen zu Rubriken, deren Motto sich danach richtet, wie ich zu beidem stehe. Zuletzt ändert es sich und fängt an, sich von den Tatsachen loszureißen, und verbindet sich dann mit meiner Phantasie. Irgend jemand hat einmal gesagt, *Sein ist Erinnerung*.

Sie durchmißt die zeitliche Entfernung im idealen Sinne – ungehindert von dem, was ist, ohne Rücksicht auf das, was war oder was daraus werden wird. Sie wird nicht durch weitere Erfahrungen bereichert. Sie wird *beraubt* – Erinnerung, die jeder Bewegung beraubt ist und nur auf den isolierten Körper zurückgreifen kann, der in den engen Grenzen meiner Gefängniszelle Tausende von Meilen zurücklegt.

Mein Körper spielt mit meinem Geist, mein Geist spielt mit meinem Körper; je weiter ich in den zeitlichen Raum, in meine Erinnerungen vordringe, desto weiter stoßen die Erinnerungen in meine Phantasie vor. Die Phantasie – die eine Erinnerung in dies integrieren, die andere in jenes, mit allen nur möglichen Veränderungen und Kombinationen – ersetzt weitere Erfahrungen, die sie, wenn nicht intensivieren, so doch wenigstens intakt lassen würden.

Ich kann mich gut erinnern, mit solcher Klarheit, daß mich mein Gedächtnis fast blendet. Es ist, als hätte ich vergessen – aber in Wahrheit erinnere ich mich sehr gut, allzu gut:

Warum bin ich hier? Weil ich das Geld brauchte? Oder war es der Abdruck meiner Hand auf dem Tresen? Was war es – ein Diebstahl? Oder war es das Mädchen im geblümten Kleid am Teich, das mir zulächelte ...?

Wo war ich?

Jede Erinnerung enthält ein Element von Schmerz oder Enttäuschung. Sie tadelt dich ein wenig, auf ihre eigene Art. Diese Elemente werden für gewöhnlich von einer Vertrautheit überschattet, mit der wir leben können – den

Rest vergessen wir allzugern. Den Rest: es gibt keinen Rest – es gibt nur eine Eigenschaft, mit der wir bequem leben können, nämlich ein gewisses Maß an Gelassenheit. Im Loch beginnen die schmerzhaften Elemente nach einer Weile zu keimen und im Garten der Erinnerung unkrautartige Ableger zu treiben – die schließlich, nach langer Zeit, alles andere im Garten ersticken.

Dann sitzt du da mit einer trostlosen Öde aus Unkrautbüschen und spitzen Steinen und staubiger Erde. Man nennt es *Seelenschmerz*.

Mit den Idealen ist es genauso. Jeder hat ein paar: einen Hauch Idealismus, ein bißchen Leidenschaft. Während das Leben im Loch, im reinen zeitlichen Raum fortschreitet, werden deine Leidenschaften immer weniger von deinen Erinnerungen und immer mehr von deinen Idealen erregt. Liebe, Haß, Gleichheit, Gerechtigkeit, Freiheit, Krieg, Friede, Schönheit, Wahrheit – sie alle werden zuletzt Idole, Götzen, reine und leere abstrakte Gottheiten, die deine Loyalität, deinen immerwährenden Gehorsam fordern. Kleine Hitler kriechen aus jedem dir teuren Gefühl, aus jeder harmlosen Vorstellung, die du je hattest, aus jedem Gedanken über dich selbst, deine Leute, deine Welt – alles wird zu Götzen, die dir im Gefängnisloch unerbittliche Befehle erteilen, ohne sich vorher untereinander abzustimmen.

Du kannst sie nicht mit deinen Tagen, deinen Jahren anfüllen, denn die sind ebenfalls leer. Aber du versuchst es – mein Gott, wie verzweifelt du dich darum bemühst.

Die Öde deiner Erinnerung gerät nun unter die absolute Herrschaft von Götzen, zu gräßlich, um sich von ihnen eine Vorstellung machen zu können.

Sie sind die grausamen, heftigen Stürme, die die kargen Sträucher in der Halbwüste der Erinnerung unbarmherzig schütteln – die verrückten, heftigen Stürme, unter denen sich kleine chaotische Staubsäulen, winzigen Tornados gleich, einige Fuß in die Luft erheben. Sie sind die sengenden Sonnen, die das armselige Gestrüpp verdorren lassen und die in Wellen stickiger Hitze aus dem toten, harten Gestein emporsteigende Luft martern. Sie sind die kalten gnadenlosen Nächte der Wüste, die nur die Giftschlangen überleben läßt: die Strafe nimmt ihren Lauf.

Komm dir selbst nicht zu nahe.

Dann die Trugbilder in der Öde. Du bist weit vom Wahnsinn entfernt; du durchlebst ja nur eine Erfahrung, ein Ereignis. Die Trugbilder sind reale Spiegelungen deines bisherigen Vorstoßes in jenen reinen Raum der Zeit. Sie sind *real.* Sie bringen die nunmehr unangebrachten Dinge zurück in die Wüste, die früher der selige Garten deiner Erinnerung war. *Dort erscheint eine zärtlich geliebte Frau, und du gehst zu ihr, trittst ganz nahe an sie heran und berührst sie, sie liebkost dich, und dann löst sie sich in einem Schimmer auf, und zurück bleibt der Onanist, der du geworden bist und der sich selbst nun so zärtlich streichelt. Nicht weit von dir erscheint eine wunderschöne Blume und entfaltet frühlingsverheißend zwischen dem staubigen Unkraut ihre leuchtenden Flügel. Noch unvermittelter, als sie kam, löst sie sich auf und offenbart einen dunklen Fleck an der Wand der stinkigen fauligen Zelle. Ein Bach plätschert über die staubigen Kiesel der Öde und verheißt Erlösung vom Durst, Erlösung – und wenn du dich umdrehst, entschwindet er im Rauschen der Klosettspülung.*

Alles, was du im Loch erfahren kannst, bewirkst du selbst, und nach einer obszönen Pause ruft jede gelegentliche Erfahrung die alte, wohltuende Qualität einer Erinnerung wach, die unter der Öde brachliegt. Ein Wort eines Satzes; ein Klang in einer Stimme oder einem Geräusch; eine flüchtige Essenz in einem Geschmack oder Geruch; eine vorübergehende Textur bei der Berührung eines Gegenstandes; oder eine am Rand deines Gesichtskreises erhaschte Kombination von Bewegung, Form und Farbe. All das kann ein gutes Ding zum Leben erwecken. Reale Dinge: das sind die Trugbilder in der Wüste.

Die reale Welt ist im Loch fehl am Platz, aber das Loch ist nichtsdestoweniger real. Es ist Zeit, die nicht mehr in menschlicher Erfahrung voranschreitet. Du kannst durch die zeitliche Ewigkeit wandern, indem du einen Fuß vor den anderen setzt. Du brauchst dazu nur einen Raum von zwei oder zweieinhalb Metern. Das Loch gewährt nur dieses: du durchlebst eine Demonstration der Theorie des Unendlichen im Endlichen; des Traums innerhalb der Realität.

Aber das Loch ist nicht der Stoff, aus dem Träume, Wunschbilder gemacht sind: es ist ganz real. Es ist übrigens so real, daß es dich heimsucht.

Erfahrung ist selten und findet nur in Extremen statt: ungeheuer intensiv oder scheußlich monoton. Surrealistische Maler haben – mit einigem Erfolg, könnte ich hinzufügen – versucht, die Beziehungen einzufangen, die im Gefängnisloch sehr real sind. Es ist *kein* Traum. Für *dich* ist es kein Traum. Deine Worte und Gedanken können diese Ebene deiner Empfindungen, deiner Gefühle nur widerspiegeln; ihre Qualen kennen sie nicht. Im Loch sind sich nur wenige Gedanken ihres wahren Ursprungs bewußt.

Du wirst schweigsam, nachdenklich, weil du introvertiert geworden bist. Deine Sinneswahrnehmung überwindet, wenn sie alles, auch dich selbst, innerhalb der endlichen Grenzen des Lochs aufgenommen hat, die Monotonie und steigt nun von der *anderen Seite*, dem Unendlichen, empor, um dich mit der Realität zu verfolgen. Leute, die nicht im Loch sind, würden es einen Traum nennen – aber du, im Loch, bist in der Realität, nicht in einem Traum:

Was bin ich? Existiere ich? Existiert die Welt? Werde ich beim Erwachen feststellen, daß all das ein Traum ist? Gibt es einen Gott? Bin ich der Teufel? Wie ist es, wenn man tot ist? Wie schmeckt Klowasser? Wie ist es, wenn ich mir einen Finger in den Hintern stecke? Was würde passieren, wenn ich auf den Fußboden scheiße? Oder an meinen Beinen runterpisse? Bin ich homosexuell? Wie ist es, wenn man auf diesem dreckigen Betonfußboden schläft?

Dein Geist, der aufgrund der eingeschränkten Empfindungswelt in der Zelle jeglicher Erfahrung beraubt ist, meint nun, seine intellektuellen Kräfte seien imstande, im Gehirn einen fiktiven Apparat zu schaffen. Er glaubt, er könne irgendwie lernen, diesen Apparat zu steuern und zu benutzen, um stoffliche Dinge zu bewegen, um körperlich reale Dinge zu zerstören oder zu verändern oder zu erzeugen. Eines gütigen Gottes beraubt, ergibt dein Geist sich dem Nichts, dem NICHTS:

Könnte ich, wenn ich mich konzentrierte, die Gitter meiner Zelle zum Schmelzen bringen oder verbiegen? (Ja. Uhmmmm.) Sollte ich zuerst versuchen, mich darauf zu konzentrieren, jenen Staubflusen auf dem Fußboden zu bewegen? (Ja. Uhmmmm.) Hat er sich bewegt? (Ich habe gesehen, daß er sich ein Haarbreit bewegt hat.)

Die Intelligenz nimmt ab, sie ist – da ja Wissen auf Erfahrung beruht – nun kein Lerninstrument mehr, sondern nur noch ein Instrument der äußeren Welt, die kennenzulernen ihr versagt ist. *Worte* und *Zahlen* gewinnen mit der Zeit mystische Bedeutung: sie gehen auf einen geheimnisvollen Zauber zurück, der älter ist als der Mensch. Die Trennungslinie zwischen dem Wort und dem Ding löst sich auf; die Intervalle der Zahlen im Unendlichen fallen mit dem Unendlichen zusammen.

Jetzt kauert dein Geist verängstigt und abergläubisch, außer sich vor Entsetzen vor den Götzen des Lochs:

Ich möchte nicht mehr sprechen. Es gibt nichts Interessantes mehr zu sagen. Ich kann mich nicht erinnern, jemals glücklich gewesen zu sein. Niemand ist jemals nett zu mir gewesen. Jeder hintergeht mich. Die anderen können mich unmöglich verstehen – sie sind zu unwissend. Ihr habt nicht das erlitten, was ich durchgemacht habe. Ihr beschimpft mich (schwul). Ihr begreift nicht. Ihr macht euch über mich lustig (Knallkopf). Diese Welt ist nichts. Eine Illusion. Der Tod ist die Erlösung.

Aber aus diesem Entzug des Empfindens, des Erfahrens kann so etwas wie Genie entstehen. Es ist fälschlicherweise für naive Intelligenz gehalten worden, während es in Wahrheit *unausgefüllte* Intelligenz, reine Intelligenz ist. *Die Struktur des Geistes wird geändert.* Er wird anders benutzt und hat mehr Zugang *zum Gehirn, zum Körper:* er wird zu einer Art Superverstand.

Der Lernprozeß verläuft umgekehrt. Du mußt oben anfangen und dich nach unten vorarbeiten. Du mußt mathematische Theorie vor dem Kopfrechnen erlernen, theoretische Physik vor angewandter Physik, man könnte sagen, Anatomie, ehe du laufen kannst.

Du mußt dich gründlich mit Philosophie befassen, ehe du die simpelsten kategorischen Unterschiede begreifen kannst, die in der Sprache oder in schlichten alltäglichen moralischen oder ethischen Maximen vorausgesetzt werden.

Ja, es ist fast eine Regel, daß du um so mehr Schwierigkeiten hast, eine Sache zu begreifen, je einfacher und alltäglicher sie ist.

Du hast den ganzen Kreis durchmessen; jenes eine Erlebnis gehabt, das man dort unten im Loch haben kann. Wie lange man dazu braucht? Jahre. Ich würde sagen, fünf Jahre oder mehr.

... Endlich haben sie einen Namen für das gefunden, was ich in der Einzelhaft erlitt: *sensorische Deprivation.* Bei den ersten Malen, als ich ein paar Jahre so absitzen mußte, sah ich nur drei oder vier trübe Farben. Ich fühlte nur Beton und Stahl. Als ich rausgelassen wurde, konnte ich mich nicht mehr orientieren. Die glanzlosen gefängnisblauen Hemden verblüfften mich, blendeten mich mit einer Schönheit, die sie vorher nie besessen hatten. Alle Farben blendeten mich. Ein Stück Holz faszinierte mich durch das

Gefühl, das es in mir beim Anfassen auslöste, durch seine Textur. Die allgemeine Unruhe, die vielen auf und ab gehenden Häftlinge, die Vielzahl ihrer Stimmen – die alle in verschiedene Richtungen tönten –, all das verwirrte mich. Ich bewegte mich langsam, war völlig schlapp und konfus – aber unter der Oberfläche war ich stinkwütend.

Ich kann abschätzen, wie kaputt ich jetzt bin, weil die Einzelhaft mir nicht mehr die Sicht verstellt. Sie hat sich schließlich bis zu meinem Herzen vorgefressen: Ich kann meine Deprivation nicht mehr messen.

Sagen wir, ich kann meine *Gefühle* nicht mehr messen. Ich kann jedoch im Geist die Proportionen nachzeichnen.

... Ich habe Ihnen neulich erklärt, daß die Zelle meine physischen Stimmungen reguliert. Der Geist reguliert seinen eigenen Zustand nicht. Niedergeschlagenheit zum Beispiel ist ein Zustand des Geistes, der vom Körper verursacht wird. Im Loch *scheint* es nur so, als gebe es eine Trennung von Geist und Körper – in Wahrheit steuert der Zustand des Körpers (Mangel an Empfindungen, Erfahrungen, Funktionen und so fort) deine Stimmung mehr als in jeder anderen mir bekannten Lage.

William James schilderte diesen Zusammenhang, als er sagte, wir würden traurig, weil wir Tränen vergießen: wir vergießen nicht etwa Tränen, weil wir traurig sind. Das ist unser Urzustand als lebende Wesen.

Vor langer Zeit, als ich zum erstenmal ins Gefängnis kam, lag ich bäuchlings im Loch auf dem Fußboden und schrieb einen Brief, wobei ich mich mit den Ellbogen aufstützte. Ich war also unmittelbar über die Seite gebeugt, die ich gerade schrieb.

Meine Stimmung war »normal« – ich meine, es war die normale Stimmung eines Strafgefangenen im Loch. Ich weiß noch, daß ich beim Schreiben bemerkte, wie sich auf dem Papier kleine feuchte Flecken bildeten. Ich berührte sie mit einem Finger und wunderte mich über das Phänomen – als mir plötzlich klar wurde, daß Tränen aus meinen Augen fielen, und da fing ich sofort an, hemmungslos zu weinen. Es war seit meiner Kindheit das erste und einzige Mal, daß ich weinte. Ich weiß nicht mehr, warum, und damals wußte ich es auch nicht. Ich muß wegen allem geweint haben, wegen *allem*.

... Wenn man einen Menschen ins Gefängnis steckt, reißt man ihn los von seiner Erfahrung der Gesellschaft, von der Erfahrung eines lebenden Planeten lebender Dinge.

Wenn man ihn in Einzelhaft steckt, ins Loch, reißt man ihn los von den anderen Häftlingen, von seiner Erfahrung anderer Menschen.

Jeder Schritt des Weges entfernt ihn weiter von der Erfahrung und verengt sie zunehmend, bis sie nur noch die Erfahrung seiner selbst ist.

Es gibt eine *Sache*, die Tod heißt, und wir alle haben sie schon einmal gesehen. Sie beendet ein Leben, sie macht Schluß mit einem individuellen lebenden Wesen. Wenn das Leben endet, hört das lebende Wesen auf zu erfahren, zu er-leben.

Das *Konzept* des Todes ist einfach: er tritt in dem Augenblick ein, in dem ein lebendes Wesen nicht mehr erfahren oder erleben kann.

Je mehr man einen Menschen dem Erleben entzieht, desto näher bringt man ihn dem Tod.

Das Gefängnispersonal

Die »Schweine« in den Gefängnissen und Zuchthäusern – alle Justizschweine – behandeln mich so brutal, daß ich mir einfach keinen Augenblick vorstellen kann, in dem ich etwas anderes als den tiefsten, bohrendsten, brennendsten Haß gegen sie empfinde. Ich darf gar nicht anfangen, Ihnen zu erzählen, was sie mir antun. Wenn ich ein Jota schwächer wäre, würden sie mich zerstören.

... Sie haben gefragt, auf welche Weise Strafgefangene mit Brutalität getränkt werden.

Seit fast zwanzig Jahren bin ich nie mit einem anderen menschlichen Wesen in körperlichen Kontakt gekommen, höchstens beim Kampf, bei Prügeleien, bei Gewalttaten. Wie wäre es anders möglich? Sportarten, bei denen man einander berührt, waren in den Gefängnissen, in denen ich saß, nicht erlaubt.

... Können Sie sich vorstellen, was es heißt, im Loch ein Opfer des Terrors zu sein? Jeden Moment kann die Tür der Zelle aufgerissen werden, können Wärter hereinstürzen und einen fertigmachen, selbst wenn man gerade schläft. Zu jeder Tageszeit.

In den sogenannten geschlossenen psychiatrischen Abteilungen des Bundeskrankenzentrums für Strafgefangene wurde dies zu meiner Zeit *routinemäßig* betrieben. Die Häftlinge brauchten kein Wort zu sagen, brauchten nichts zu tun, um den Terror auszulösen.

Die Wärter reden nicht mit einem. Man ist *Vieh* bar jeder Vernunft. Man bedeutete mir, zu einer Stelle auf der anderen Seite des Gymnastikkäfigs zu gehen, und schubste mich in jene Richtung, weil die Wärter in ihrer Verachtung nicht wahrhaben wollten, daß ein Gefangener die Sprache der Vernunft beherrscht.

... Damals verschrieben die Wärter eigenmächtig Injektionen von so starken Phenothiazen-Drogen wie *Prolixin* – und jede einzelne dieser Drogen ist *gefährlich*. Sie werden dich nicht umbringen, aber sie werden dir mit ziemlicher Gewißheit irgendeinen Schaden zufügen. Sie kommen praktisch einer Gehirnoperation gleich.

Ich wurde dort in meiner Zelle unaufhörlich und willkürlich zusammengeschlagen, und nach einer Weile war mein Verlangen nach physischer Erlösung so übermächtig und allumfassend, daß ich, wenn die Wärter endlich von mir abließen und aus meiner Zelle gingen, vor Verzweiflung und Schmerz eine Erektion bekam.

So mußte ich onanieren, um mir Erleichterung zu verschaffen, aber dabei stand mir keineswegs irgendein Wunschbild vor Augen. Der reine physische Akt, das Streicheln des Penis nach zahllosen tätlichen Übergriffen, genügte. Es ist ausschließlich physisch, geschieht ganz und gar unwillkürlich.

Wäre ich ein gewöhnlicher Mensch, der viele Dinge mißversteht, hätte ich leicht mißverstehen können, was in mir vorging. Durch dieses Mißverständnis hätte ich leicht zum sexuellen Masochisten oder Sadisten werden können. Es wäre nur allzu natürlich gewesen, diesen Akt der Befreiung mit einem sexuellen Liebesakt zu verwechseln.

Wie vielen Häftlingen ging es so?

... Häftlinge werden so unablässig und ausgiebig, so gründlich und unbarmherzig mit Gewalttätigkeit getränkt, daß sie eine Art automatischen Abwehrmechanismus, ein Mißtrauen gegen jedermann entwickeln. Man hat dieses Mißtrauen *paranoid* genannt.

Es wurzelt in einem Glauben, der im Laufe der Zeit allen Strafgefangenen indoktriniert wird: daß sie jede Verletzung, die ihnen zugefügt wird, letztlich selbst herbeigeführt haben. Zuletzt tun sie sich mit eigenen Händen, beinahe bewußt, selbstmörderische Gewalt an, seelisch und körperlich.

... *Freier Wille:* nach amerikanischer Rechtsauffassung tragen die Strafgefangenen die Schuld an allem, was ihnen von den Strafanstalten angetan wird.

Diese juristische Spitzfindigkeit wird selbst von den klügsten Köpfen dieses Landes kritiklos akzeptiert.

Und doch hat ein Strafgefangener keinen freien Willen, oder sagen wir, zumindest weniger freien Willen als andere Menschen. Kein Mensch beschließt aus freien Stücken, sich zu verletzen, solange er im Besitz seiner geistigen Kräfte ist – vor allem nicht, wenn er im Besitz seines »freien Willens« ist.

Wenn ich einen Polizisten, der mich unter dem Schirm der Justiz ins Loch gebracht hat, fertigmache, weil ich ihn nicht leiden kann und von ihm in Ruhe gelassen werden will und es ihm sage, ist er dann schuld an einer Verletzung, die ihm *von mir* zugefügt wird?

Aber ja! Er hat keinen »freien Willen« – er ist ein *passives Werkzeug der Regierung!* So funktioniert die verdrehte Logik der amerikanischen Justiz.

Ich habe nie ein unparteiisches Schwein erlebt. Ich habe faule und gedankenlose Schweine erlebt, aber *nie* ein objektives und unparteiisches Schwein. Die faulen sind wie großherzige Könige, die »geringfügige Vergehen« lässig übersehen und willkürlich »Gunstbeweise« austeilen, dann aber, wenn ihnen gerade danach ist, plötzlich wütend werden, alles wieder rückgängig machen und jedermann zur Hölle schicken. Gefängniswärter sind immer, *immer* Tyrannen, und die Häftlinge sind ihre Untertanen.

Sind das die Gesetze einer von freien Menschen eingesetzten Regierung?

... In San Quentin – und vielen anderen Strafanstalten – schießt ein Aufseher dich einfach mit der Pistole nieder, wenn er von einem Wachstand oder Wachtturm aus sieht, daß du einen anderen Häftling auch nur *berührst*. Wenn er dich auf dem Sporthof *rennen* sieht, schießt er dich nieder. Dabei gibt es *immer* »verirrte« Kugeln, die andere Häftlinge treffen.

Wenn die Aufseher zu deiner Zelle kommen, um sie zu filzen, und du eine Bewegung zum Klo hin machst, ehe sie die Zelle betreten haben, wirst du in deiner Zelle *niedergeschossen*. Sie »befürchten«, daß du Konterbande mit der Klospülung verschwinden lassen willst.

Deshalb hat San Quentin das beste Krankenhaus für *traumatische Verletzungen* in ganz Amerika. Man schickt sogar *Armee*ärzte zur Weiterbildung hin.

Nun sagen Sie mir bitte, wer zum Teufel es verdient, *all dieser Gerechtigkeit* unterworfen zu werden?!

... Jeder Anstaltsleiter oder Aufseher – *jede* Autorität in einer Vollzugsanstalt – haßt eines mehr als alles andere: »Arroganz« bei Häftlingen. Ein Häftling kann auf eine ganz bestimmte Art *gehen, nur vorbeigehen*, die ein Schwein herausfordert. Ein Häftling kann ein Schwein tödlich beleidigen, indem er einfach dasteht und dem Schwein antwortet, ohne dabei etwas zu sagen oder zu tun, das anstößig wäre. Es gibt eine bestimmte Art, sie *anzusehen*, die sie als Hohn interpretieren. (Sie pflegten einen ins Loch zu stecken, weil man sie falsch angesehen hatte; sie nannten es »schief angucken«.) In jeder Strafanstalt, in der ich die Aufmerksamkeit eines Schweins (besonders die eines Anstaltsleiters) erregt hatte, mußte ich mich unweigerlich an Ort und Stelle ausziehen und filzen lassen.

Die Gewalt zwischen Aufseher und Häftling ist offen, nackt, und man sieht oft, daß ein Häftling sich mit den Fäusten gegen Schweine zur Wehr setzt.

Ich habe nie gesehen, daß ein Schwein einen Häftling verprügelte. Nicht einmal zwei Schweine bringen es fertig, einen durchschnittlichen Häftling zu verprügeln. Wenn ich sage, daß ein Häftling sich mit den Fäusten gegen *Schweine* zur Wehr setzt, meine ich das wortwörtlich: gegen wenigstens fünf oder sechs Schweine auf einmal.

... Die Schweine wollen der Öffentlichkeit weismachen, sie seien im Nachteil. Wie das? Na ja, sehen Sie: Wenn sie mit einem Gefangenen ins Handgemenge kommen, dürfen sie, wie sie sagen, nur »die nötige Gewalt« anwenden; sie dürfen ihn nicht *zusammenschlagen* – weil, wie Sie wissen, das Gesetz dies nicht »zuläßt«. Wohingegen ein Häftling mehr Freiheit hat.

In der Justizgeschichte dieses Landes hat das Gesetz noch kein einziges Mal untersagt, einen Häftling bei einer Auseinandersetzung zu schlagen – mit »schlagen« meine ich, zu *Tode* prügeln. *Kein einziges Mal.*

Das Gesetz *untersagt* die methodische Anwendung von Folter und körperlicher Züchtigung. Wie kann irgend jemand beweisen, daß so etwas praktiziert wird, wenn nur *Häftlinge* es sehen?

Kein Mensch in diesem Land kann mir einen *einzigen* Fall nennen, in dem die Regierung im allgemeinen oder die Gefängnisleitung im besonderen einer Häftlingsbeschwerde wegen grausamer und unangemessener Bestrafung als begründet stattgegeben hat. Das ist noch *nie* passiert.

Sagen Sie mir also eines: Warum schenkt niemand dem Wort eines Häftlings *mehr* Glauben als dem Wort der Gefängnisleitung?

Ich würde es gern wissen, denn in allen Fällen, bei denen ein Häftling das Glück hatte, seine Beschwerde in einem Gerichtssaal – bei einem jener Bürgerrechtsprozesse – vorzubringen, hat er Recht bekommen. *Jedesmal* konnte nachgewiesen werden, daß er die Wahrheit sagte.

Niemals, kein einziges Mal, hat man einem Häftling vor

Gericht nachgewiesen, daß seine Klage wegen grausamer und unangemessener Bestrafung nicht den Tatsachen entsprach.

Ich glaube, in diesem Land gibt es viel zu viele Leute, die sich – offen oder insgeheim – etwas auf die Tatsache *einbilden*, daß ihre Regierung so unmenschlich, so schlecht ist; die sich etwas auf die Tatsache einbilden, daß ihre Regierung Menschen, die sie als »Feinde« (»Feinde des Staates«) betrachtet, so gründlich zermalmt. Und die Leute, die diesen Stolz auf ihre Regierung nicht kennen, rümpfen nur die Nase über sie. Und tun weiter nichts.

... Ein Ex-Bulle kam ins Kittchen. Er hatte mal jemanden festgenommen, den ich früher gekannt hatte. Er war einer von diesen typischen aggressiven Schweinen. Ich schätze, er war etwa fünfunddreißig. Auf dem Hof ging jemand auf ihn zu und sagte ihm, was er über ihn wußte. Der Bulle flehte ihn an, den Mund zu halten. Der Mann willigte ein. Er brachte ihn mit ein paar linken Touren dazu, sich bei einigen Häftlingen, die auch ich kannte, zu verschulden. Als der Bulle kein Geld mehr hatte, um sie zu bezahlen, kaufte er die Schulden. Das bedeutete, daß er *den Bullen gekauft hatte*. Der Bulle machte große Augen und schiß vor Angst beinahe in die Hose, als er merkte, was los war. Später standen der, der ihn gekauft hatte, und ein paar Partner von ihm mit mir im Gang; wir unterhielten uns. Der Bulle ging vorüber. Der, dem er gehörte, rief ihn herbei. Er sah ihn bloß an und sagte: »Ich hab' eben deine Schulden verkauft. Du schuldest mir nichts mehr. Jetzt schuldest du es ihm.« Er zeigte auf den betreffenden Mann, der ihn überall im Knast herumhetzte und ihn von einem Dutzend Häftlingen Sachen auf Pump besorgen ließ. Ein paar Tage später brachte der Bulle sich um. Aus irgendeinem Grund hatte er nicht um Schutzhaft gebeten. Dazu hatten sie ihn bringen wollen. Sie hatten ihn nicht mit ihren eigenen Händen töten wollen.

Dieses Schwein war ein so typisches schmutziges Schwein, daß er in dem Auto-Werbespot den bösen Streifenpolizisten aus Georgia hätte spielen können. Draußen hatte er Gewalt angewendet, um Informationen aus Leuten herauszupressen. Ich finde, er bekam das, was er verdient hatte. Man erlebt es nicht oft, daß ein Ex-Bulle im Zuchthaus landet. Ich frage mich heute noch, wieso dieser Kerl eigentlich dorthin kam. Irgendein hohes Tier muß verdammt sauer auf ihn gewesen sein!

Ich bezweifle, daß es heute auch nur *eine* Behörde der Bundesregierung gibt, die nicht ihre eigene kleine Polizeitruppe hat. Das könnte natürlich meine spezielle Sicht der Dinge sein. Aber ich kenne die Mentalität der Bullen sehr gut, viel besser, als sie die *meine* kennen.

Sie benutzen den alten Trick mit den Karteien. Sie sammeln und *fabrizieren* so viel Mist über die Bürger – so viel »streng geheimen« und »vertraulichen« Scheiß –, daß sie jene bibelschwingenden heuchlerischen Politiker, die es als Arschkriecher und Anführer von Blaskapellen geschafft haben, nach oben zu kommen, tatsächlich so sehr verschrecken, daß sie ganz *klein* werden vor den Karteikästen und Akten über *Leute* und *Dinge*, die, träfe ihr Inhalt zu, jeden zweiten Amerikaner vor Gericht bringen könnten – und falls auch nur ein Bruchteil davon *nicht* zuträfe, *sie*, die Bullen, unter Anklage stellen würde.

Bullen brauchen keine Angst vor Wahlen zu haben. Sie bekommen ihren Job nicht auf diese Weise. Sie heuern sich *gegenseitig* an. Sie sorgen – mit ihren Überprüfungen und Stichproben, ihren unausgesprochenen Regeln und ihren Signalen usw. – dafür, daß die Arbeit ungeheuer »kompliziert« ist, so kompliziert, daß niemand außer ihnen sie schaffen kann. Sie führen die »Ermittlungen« über einander *selbst* durch: sie vertuschen, sie bringen Leute zum Schweigen – sie morden.

... Sie sagten, eine der Schwächen meines Stücks liege darin, daß ich niemandem außer den Häftlingen einen *Charakter* gebe. Sie haben völlig recht. Es ist eine »Schwäche«, es ist die Schwäche eines *Gefangenen*, der über das Gefängnis schreibt.

Die Wärter sind nun mal »eiskalte« Typen. Wenn sie aufhören, »eiskalte Typen« zu sein, werden sie garantiert *obszön*. Und ich könnte sie *nie* anders darstellen. Es entspräche nicht *der Wahrheit*. Ich meine damit die alltäglichen empirischen Fakten. *Ihre* so gut wie meine.

Das war der Fehler in Cleavers Gefängnisbuch. Es beweist mir, daß Cleaver im Grunde furchtbar eitel ist. Sich der Beziehungen zwischen Aufsehern und Häftlingen so *sicher* zu sein ist reine Torheit. Das gehört zu den Dingen, die ich an Ihnen mag: Sie haben nie der Versuchung nachgegeben, so etwas zu verbreiten.

Die wahren Beziehungen beunruhigen das gute soziale Gewissen. Leute wie Cleaver reden sich gern ein, Aufseher und Häftlinge lägen irgendwo auf einer Linie. Das wahrhaft Schreckliche ist, daß das keineswegs der Fall ist.

... Unter sich sind die Aufseher menschlich. Unter sich sind die Häftlinge menschlich. Die Beziehung zwischen beiden ist jedoch nicht menschlich. *Sie ist animalisch.* Nur bei längerem Überlegen – subjektivem Überlegen – räumen sie ein, daß sie ein gemeinsames Bewußtsein teilen. Worin besteht dieses gemeinsame Bewußtsein? Es ist das Bewußtsein, daß wir zur selben *Spezies* von Lebewesen gehören. Aber das ist kein soziales Bewußtsein. Es ist nicht humanistisch; *es ist animalistisch.*

Ich will sagen, daß der Häftling der Menschheit näher ist als der Aufseher: weil er vom Aufseher *beraubt* wird. Deshalb sage ich, daß das Böse existiert – nicht im Häftling, sondern im Aufseher. Absichten spielen nur eine Scheinrolle. Der Aufseher ist *in Wirklichkeit* böse. Die Gesellschaft, die er vertritt, ist dämonisch. Es ist mir egal, ob er das gleiche Essen mag wie ich oder die gleiche Musik – oder was auch immer: das ist die Scheinrolle, die Absichten spielen. Tiere können die gleiche Musik oder das gleiche Essen mögen wie wir.

Unsere Taten definieren uns.

Erlebt man diese Schweine unter sich, so kann man sich von ihrer grenzenlosen Gemeinheit überzeugen. Ich habe sie reden hören. Sie sind extrem fies. Ohne jede Spur von Geist. Ihr Stumpfsinn grenzt an den Stumpfsinn von Geisteskranken. Er ist *faschistisch*. Das Symbol der Ungerechtigkeit. Es könnte wie eine Ironie scheinen, ist aber keine: *Häftlinge machen Aufseher nicht zu dem, was sie sind.* Auch nicht die Gesellschaft als solche. Der *Staat* tut es. Er gibt ihnen willkürliche Macht über Häftlinge. Sie machen daraus *einen Lebensstil.* Das ist der Ursprung ihrer Gemeinheit.

... Für einen Häftling ist es viel schwieriger – und daher besitzt eine solche Tat fast eine gewisse moralische Qualität –, einen Aufseher zu verletzen oder zu töten als umgekehrt. Für einen Häftling sind die Konsequenzen teuflisch schwerwiegend. Ein Aufseher kriegt einen *Orden* dafür!

Nach meiner persönlichen Erfahrung ist Ungerechtigkeit vielleicht der *einzige* (und bestimmt der *wichtigste*) Grund für Wahnsinn hinter Gittern. Sie würden staunen, wenn Sie hörten, was ein bißchen *altmodische* Unterdrückung aus einem Menschen machen kann.

So sieht es der Mann von der Straße:

Er findet Ausnahmen, und statt zuzugeben, daß diese Ausnahmen die Regel bestätigen, tauscht er die Extreme aus, eines gegen das andere, und sagt sich, *die Ausnahmen seien schlimm,* nicht aber die Regel: Aufseher seien im Grunde wie alle anderen, trotz der *wenigen*, die brutal, böse seien.

Das stimmt nicht. Offizieller, zeitweiliger Krieg (das heißt, das Phänomen) reflektiert eine tiefere historische

Wahrheit. Und diese Wahrheit lautet, daß es in der menschlichen Gesellschaft *tatsächlich* so etwas wie einen erbarmungslosen Gegner gibt, der ausgerottet werden muß und nicht mit der menschlichen Gesellschaft vereinbar ist: die Bullenmentalität.

Alle menschlichen Gesellschaften der Geschichte haben das in der primitiven (religiösen) Erkenntnis der Unmenschlichkeit des Menschen gegenüber seinem Mitmenschen zum Ausdruck gebracht, überall in der Welt.

»Spüren« Sie etwa in jemandem wie Hitler eine gemeinsame Menschlichkeit? Oder in Himmler? Wenn ja, machen Sie sich selbst was vor. Solche Leute sind hinter den Kulissen keine »Familienväter«. Sie sind in *keinem* Aspekt ihrer sozialen Existenz »Menschen wie du und ich«. Ihre Revolution war eine Revolution von Polizisten. *Eine Revolution der Regierung.*

Das ist eine sehr unbequeme Wahrheit.

Wenn Marx sagt, der Kapitalist sei die lebende Verkörperung des Kapitals, meint er praktisch das gleiche. Wir sind das, was wir tun, und unsere Gedanken spiegeln unsere Taten wider. Die Idealisten – wie Hegel – vertreten den entgegengesetzten Standpunkt: die Amtsperson ist ein Bürger des Staates. Der höchste Bürger ist der Polizist.

Ich sage nicht, daß es in der menschlichen Gesellschaft schon immer so gewesen ist und immer so sein wird. Das *Böse* kam mit den Anfängen der Geschichte an die Oberfläche und ist nun zur Gänze sichtbar. Man kann es betrachten, es anfassen – mit ihm reden. Es ist unter uns, damit wir es auslöschen. Sämtliche Religionen spiegeln diesen Kampf mit dem Bösen wider.

All das liegt der bewußten Absicht eines kommunistischen Revolutionärs zugrunde. Es hat in seinem Geist keine Priorität, denn er sieht seine Aufgabe nicht als eine religiöse – sondern als eine ökonomische, politische. Er kann sich nicht den Luxus leisten, hat jetzt keine Zeit, sich näher mit der religiösen Bedeutung zu befassen.

Aus diesem Grund ist die kommunistische Bewegung leichthin mit einer religiösen Bewegung verglichen worden. Ich aber, der ich so lange im Gefängnis war, habe genug Zeit gehabt, darüber nachzudenken.

... Wenn ich über das »Familienleben« eines Aufsehers schriebe, würde es eine Studie über die Unterdrückung von Frau und Kindern werden. Ihre Frauen und Kinder *lieben* sie nicht; sie *huldigen* ihnen.

Sie scheinen nur dann menschlich, wenn man ihnen ein Messer an die Kehle hält. Sobald man es wegnimmt, fallen sie wieder in ihren tierischen Zustand zurück. In die Obszönität.

Sie denken, ich sähe nur »eine Seite« von ihnen? Meinetwegen, sie haben auch eine »gute Seite« – aber, wie ich eben sagte, *nur* dann, wenn man ihnen ein Messer an die Kehle hält: *Sie gehorchen der Gewalt.* Sie gehorchen ihr in ihrem Herzen, wie alle Tiere.

Ein Häftling tut das nicht.

Ein Häftling lehnt sich sogar mit einem Messer an der Kehle auf. Deshalb ist er nun ein Häftling. Das ist das Grundmerkmal des Häftlings von heute. Er kann nicht bezwungen werden. Nur ermordet.

Das ist eben so, da kann er machen, was er will.

Diejenigen, die weder Aufseher noch Gefangene sind, sind nichtsdestoweniger Unterdrückte oder Unterdrücker. Es gibt keine wahre »Vermengung« dieser beiden Typen, sie stehen stets in prinzipiellem Widerspruch zueinander.

In europäischen Industriegesellschaften leben die meisten Leute in einer »Grauzone«. Sie ist wie trockene Blätter rings um ein Feuer, das sich ausbreiten und sie verzehren wird. Alles in der Welt ist für die Flammen bestimmt, ob wir wollen oder nicht.

Wenn sie in ihren Schaftstiefeln kommen und gegen deine Tür treten, gibt es jene »Grauzone« deiner Existenz nicht mehr. Du wirst an unseren Kämpfen teilnehmen, du kannst gar nicht anders.

Die »Grauzone« macht sich selbst etwas vor. Sagt sich, der Konflikt könne friedlich gelöst werden, oder er sei nicht *real*.

Man kann es »Trägheit« nennen – andere haben es »business as usual« und »Apathie« genannt. Wenn man ins Auge eines Hurrikans geriete, könnte man vielleicht kilometerweit über friedliche Felder blicken. Man wüßte aber, daß der Wirbelwind die Felder zerstören *wird*. Wüßte es mit Sicherheit. Wüßte, daß *er es tun wird*. Jemand auf den Feldern merkt es vielleicht nicht.

Deshalb weiß ich, daß eine große Feuersbrunst kommen und die ganze Welt zerstören wird. Es ist Zeit, unsere Feinde zu bekämpfen, uns nicht mehr vorzumachen, sie seien keine »wirklichen« Feinde. Es ist Zeit, sich der Feuersbrunst anzuschließen und dafür zu sorgen, daß unsere Feinde nicht den Sieg davontragen.

Die Industrieländer werden so unvermittelt hineingeraten, als wäre ein Schalter angeknipst worden. Aber alle anderen Länder der Erde *sind* schon drin. Sie brennen, und das Feuer wird größer. Es wird die Welt verzehren.

Es hat keinen Sinn, so zu tun, als würde unser Leben nicht in einer Weltrevolution gipfeln.

So sehe ich es. So sehe ich das Morgen. Ich wünschte, es wäre anders, aber nichts kann mich davon überzeugen, daß es nicht so ist.

... Es gibt in meinem Leben Anstaltsleiter und Wärter, bei denen allein der bloße Gedanke, ich sollte ihnen verzeihen, an Wahnsinn grenzen würde. Vergeltung ist ein wichtiger Teil der subjektiven Revolutionsbereitschaft. Nennen Sie es Rache, wenn Sie wollen.

Ein Anstaltsleiter, ein Präsident Nixon, ein Hitler wird nie einer der Unseren sein. Das fordert die Geschichte, nicht nur das menschliche Herz. Niemals könnten – am

Tag nach der Revolution – solche Ungeheuer als Gleichberechtigte unter uns leben. Das hieße zuviel verlangen. Sie müssen zahlen. Weil wir keine Maschinen sind.

Weil wir keine Maschinen sind, haben wir nicht genug Zeit, auf die sogenannte »ökonomische Entwicklung der objektiven Voraussetzungen« oder das »Verkümmern« der Bourgeoisie zu warten.

Es wird einen »Tag nach der Revolution« geben.

Die Gefangenen

Beim Betreten der neuen Hochsicherheitstrakte kommt man sich vor wie in einer Halle mit Tierkäfigen an beiden Seiten. Alle Gefangenen können einander ungehindert in ihren Zellen beobachten.

Den ganzen Tag fliegen Beschimpfungen und Drohungen durch den Trakt. Es ist wirklich nicht viel anders als im »Affenhaus« oder irgendwo sonst im Zoo. Wenn ein Häftling will, kann er dich jederzeit beleidigen und bedrohen, und du hast keine Möglichkeit, ihn zum Schweigen zu bringen. Deshalb mußt du aufpassen, daß du keinem dieser Strolche einen Anlaß gibst, dich (manchmal wochenlang und ununterbrochen) zu begeifern. Deshalb mußt du freundlich sein und dich mit ihm über jeden Scheiß »unterhalten«, der ihm gerade einfällt. Diese Lage wird von dem beherrscht, der am längsten und am lautesten zu schreien vermag. Es ist meines Wissens die einzige Situation, in der ein mieser Feigling sich ungestraft anderen Männern aufdrängen kann.

Die *Widerwärtigkeit* solcher Typen tritt nie so deutlich wie bei diesen Gelegenheiten zutage. Es gibt nicht viele von der Sorte, aber sie beherrschen die Beziehungen zwischen Menschen in Käfigen.

Den ganzen Tag über, vom Frühstück bis zum Abendessen gegen vier oder fünf Uhr, wird die Zeit von Aufsehern markiert, und die Todeszellen öffnen sich nacheinander auf die Galerie. Dann kann man duschen, seine Zelle ausfegen und vor den Zellen der anderen die Galerie auf und ab gehen. Jonathan nimmt dich in Anspruch wie ein Kind. Er wird in deine Zelle langen und dich wachrütteln, um ganz aufgeregt über die »Lone Ranger«-Sendung oder dergleichen zu reden. Du kannst sagen, was du willst, du wirst ihn nicht los.

Als nächster kommt Thomas raus. Er lungert vor deiner Zelle rum, lächelt »anzüglich« und fixiert abwechselnd deinen Unterkörper und deine Augen. Er bringt dir seine Zigaretten und seine Süßigkeiten, nur um ein Gespräch anzuknüpfen. Er bittet dich richtig nett darum, ihm deinen Schwanz durchs Gitter hinzuhalten. Er läßt sich nicht abschrecken. Er nervt dich, und du kannst nur versuchen, ihn zu ignorieren. Du kannst ihn nicht packen und hin und her schütteln. Stephen ist anders, er ist introvertiert. Joseph läuft auf und ab und stolpert über alles. Du versuchst zu lesen und stellst fest, daß du seit Stunden immer wieder denselben Absatz gelesen hast. Der Lärmpegel ist hoch. Du kannst nicht denken oder dich konzentrieren.

Du kannst dich nur so weit anpassen, daß du dich dazu *zwingst*, die meisten Störungen tagsüber schlafend durchzustehen. Nach jeder Mahlzeit rollst du dich zusammen, ziehst dir die Decke über den Kopf, preßt dir das Kissen aufs Ohr und pennst. Es ist wie eine Betäubung. Einmal schlief ich drei Jahre lang sechzehn Stunden täglich so.

Wenn die Lichter ausgehen, liegst du da, und Erlösung kommt nur zwischen Mitternacht und Frühstück. Du bleibst die ganze Nacht wach und genießt die ungeheure Erleichterung. Der Lärm, der dein Hirn buchstäblich vibrieren ließ, ist fort. Die Ablenkungen sind fort. Die blöden Gesichter sind nicht mehr vor deiner Zelle. Du hast dich selbst wieder. Wenigstens bis zum Morgengrauen.

Aber du kannst nicht lesen, du kannst nicht schreiben. Du kannst nicht Radio hören. Alles, was du hörst, sind die

Schweine, die ihre Runden machen. Du hörst Schlüssel, Ketten, die Hunde, die sie beim Zählen mitnehmen. Du hörst die Schlafgeräusche der Gefangenen. Jede Nacht schreit mindestens einer im Schlaf laut auf. Du grübelst die ganze Nacht, erinnerst dich an dein Leben. Du gehst zurück zu deinen frühesten Erinnerungen, deiner ersten Kindheitserinnerung, und schreitest fort bis heute. Du hast dich schon vor Monaten (Jahren?) in totales sexuelles Desinteresse reingewichst. Du malst dir eine Menge aus. Du denkst an deine Zukunft, eine Zukunft, die es, wie du *weißt*, niemals geben kann.

So kann man nicht *existieren*, geschweige denn *leben*. Wenn das Morgengrauen und das Frühstück kommt, bist du total erschöpft vor lauter Nachdenken. Du ißt und schläfst ein. Deine Zellentür knallt auf, ehe du darauf gefaßt bist. Du *taumelst* aus dem Bett, duschst wie ein Automat. Du plumpst wieder ins Bett. Kaum bist du eingeschlafen, wird auch schon das Mittagessen gebracht. Halb schlafend stocherst du darin herum. Du forderst die anderen schließlich unmißverständlich auf, von deiner Zelle wegzubleiben und nicht mit dir zu quatschen. Du drohst, ihnen einen Becher Urin ins Gesicht zu schütten, obgleich du weißt, daß sie dann das gleiche mit dir machen können. Wenn du Glück hast, belästigen sie dich nicht allzu sehr. Aber du kannst sie nicht ganz daran hindern. Die Spannung umklammert dein Gehirn wie ein Schraubstock.

Wenn du unter solchen Umständen unbedingt »in Frieden« leben willst, mußt du eben einer von diesen verdammten Kerlen werden, die alles tun, nur um zu leben, biologisch zu existieren.

Wenn du das Leben zu sehr liebst oder die Gewalt zu sehr fürchtest, ist es nur eine Frage der Zeit, bis du zum Ding wirst, kein Mensch mehr bist. Zu guter Letzt trippelst du vielleicht auf und ab wie eine Ratte und gibst dich für jede erdenkliche niedrige, böse, demütigende

Handlung her, zu der sie – entweder die Schweine oder die Gefangenen – dich auffordern.

In jedem Mann gibt es eine Grenze. Er kann katzbuckeln und speichellecken, aber nur bis zu einem gewissen Grad. Er kann den anderen eine Zeitlang was vormachen, kann ein guter »Schauspieler« werden.

Wenn ein Mann jedoch endgültig die letzte Grenze überschreitet, ändert er gewissermaßen seine Ontologie. Es ist wie bei dem kleinen Kiesel, der einen unaufhaltsamen Erdrutsch auslöst. Man kann die Schweine betrügen, bis man sich, sieh mal einer an, selbst betrogen hat. Man wünscht sich so krampfhaft zu überleben, will um jeden Preis der Gewalt entgehen, daß man buchstäblich zu allem bereit ist, nachdem man die Grenze überschritten hat. Man läßt sich von *jedem* kujonieren. Man würde seine Mutter, Frau, Kinder sterben lassen, nur um selbst am Leben zu bleiben. Man wird jeden Schwanz im Trakt lutschen, um es zu »schaffen«. Es gibt nichts, was man nicht tun wird.

Die meisten Sträflinge überschreiten diese Linie nicht. Diejenigen, die es tun, kehren nie wieder zurück. Man akzeptiert Gewalt, begeht sie, um nicht nur biologisch, sondern auch *moralisch* zu überleben. Man ist kein »Psycho«, kein Killer. Das heißt nicht, daß man nicht töten wird, daß man keine unvorstellbaren Gewalttaten begehen wird. Es ist schwer, sich zu diesen Taten zu überwinden, aber man holt tief Luft, betrachtet mit den Augen der Vernunft, was man tun muß, und tut es, obgleich einem vor Angst die Knie zittern und der Magen sich umzudrehen scheint.

... Ich und meine Mitgefangenen lebten nach einem harten Kodex, aber es war ein Kodex des Überlebens. Des Überlebens in Würde und geistiger Gesundheit. Sonst hätte man uns gebrochen.

Das einzige, was ein Häftling an einem anderen respektiert, ist moralische Stärke. Das ist alles, wessen es bedarf, um einen Menschen zu töten. Ich fürchte oder respektiere niemanden allein für seine Fähigkeit, einem anderen Schaden zuzufügen, und kein Häftling tut es.

Aber im Gefängnis gibt es viele gebrochene Männer. Ich habe erlebt, wie sie zusammenzuckten, wenn ein Schwein vorbeiging. Ich habe erlebt, wie sie immer schlimmer stotterten, bis sie überhaupt nicht mehr sprechen konnten. Ich habe erlebt, wie sie von einem Tag zum nächsten dahinvegetierten, nur mit dem täglich befriedigten Bedürfnis ständiger oraler Kopulation. Sie wurden von der Gewalt der Dinge so herabgewürdigt und gebrochen, daß sie zu allem fähig waren, außer zu dem, was Gewalt erforderte. Wenn sie keine Angst vor Gewalt gehabt hätten, hätten sie ihre Menschlichkeit nicht eingebüßt.

... Der »praktische Kodex« eines Häftlings lautet im wesentlichen, den anderen, das Schwein übers Ohr zu hauen. Zu tun, was er kann, um seine Zeit abzusitzen und aus dem Knast zu kommen. Es gibt ein paar Dinge, die er nicht tun kann, wenn er ein Mann (ein Häftling) bleiben will. An dem betreffenden Punkt rebelliert er. Sicher, er hat keine »revolutionäre Ideologie«. Aber schließlich wird er mich im Loch treffen, und ich werde ihm Sachen erzählen, die seine Konfusion beseitigen und seiner Rebellion ein Ziel geben werden. Das geschieht jetzt überall im Land. Wir sind eine neue Rasse von Gefangenen. Und wenn er allein rebelliert, wenn ich sehe, daß er sich allein auf dem Hof oder im Loch mit einem Rudel von Schweinen prügelt, zögere ich nie mitzumachen. Wir sind Brüder im Blut. Sein Kampf ist der meine. Wenn ich den höchsten Preis dafür zahle, ihm geholfen zu haben, und er später schlappmacht, ist es *mir* egal. Ich habe recht getan, und ich bin nicht sauer auf ihn. Wir haben niemanden außer uns, das habe ich schon vor langer Zeit gelernt.

... Ein Schwein im Knast zu ermorden ist mit Abstand schlimmer, als den Präsidenten der USA zu ermorden. Im zweiten Fall kann man zumindest hoffen, weiterhin im Gefängnishof seine Runden drehen zu dürfen. Wer jedoch einen Wärter tötet, wird nie wieder seinen Fuß auf einen Gefängnishof setzen. Er kommt nie wieder aus dem Loch raus.

Ich hatte mal einen Freund, den wir »Striker« nannten. Er ermordete vor aller Augen einen Wärter. Ermordete ihn im Hauptgang des großen Zellentrakts.

Eine Menge Dinge kamen zusammen, damit er das tat. Zuerst einmal hatte er seit dreiundzwanzig langen Jahren gesessen. Aber er war erst vierzig. Am Tag davor war seine Mutter gestorben; war, wie man sagt, »friedlich entschlummert«. Sie war alles gewesen, was er draußen noch gehabt hatte.

Er war ein schlechter Pokerspieler. Er pokerte mit ein paar anderen im Hauptgang des großen Trakts. Ein neues Schwein näherte sich, blieb stehen und befahl ihnen aufzuhören. Pokern ist gegen die Vorschriften, aber die Schweine sagen nichts, wenn sie sehen, daß alle Spieler »okay« sind, das heißt, solange keine »schwachen« Häftlinge am Tisch sitzen. Der neue Wärter wußte das nicht.

Striker hatte Knastfusel getrunken, und immer, wenn er das tat, wurde er aggressiv. Er fing an, mit dem Schwein zu diskutieren, aber das Schwein ließ nicht locker und drohte, ihn ins Loch zu stecken. Striker versuchte, die anderen Spieler dahin zu bringen, daß sie weiterspielten, um dem Schwein eins auszuwischen, aber da er der einzige Verlierer war, hörten sie auf zu spielen.

Irgend jemand sagte zu Striker, wenn er solch eine Wut habe, warum bringe er das Schwein dann nicht einfach um? Er meinte das halb im Scherz, aber Striker stürzte sich darauf und schwor, er würde das Schwein umbringen, nur habe er kein Messer.

Der andere Gefangene gab Striker ein Messer, mehr um

ihn loszuwerden. Es war siebenunddreißig Zentimeter lang, die Klinge war auf beiden Seiten geschliffen, und es sah furchterregend aus.

Das Schwein stand zwischen hin und her rennenden Gefangenen auf dem Gang zusammen mit einem anderen Schwein. Striker baute sich neben dem Schwein auf, stieß ihm das Messer ungefähr fünfundzwanzig Zentimeter tief in den Bauch und schlitzte ihn auf. Das andere Schwein wirbelte herum, sah sich Striker gegenüber und bekam ein paar Fausthiebe in den Magen, als es rückwärts davonlief. Dann wandte Striker sich wieder dem ersten Schwein zu und stach es weiter ab, mit langen tiefen Stichen in die Brustgegend.

Das Schwein lag nun flach auf dem Rücken und blutete wie ein Springbrunnen. Alle standen wie angewurzelt da und schauten zu. Striker wußte, was er getan hatte, und er schaute sich unruhig nach Hilfe um, und dann sahen ein paar, daß er lächelte. Er hockte sich hin und fing an, mit dem sterbenden Schwein zu reden.

Er bohrte dem anderen das Messer in die Brust und sagte, während er es in der Wunde hin und her drehte: »Na, wie gefällt dir das?« Dann zog er es heraus und fing an, dem Schwein den Kopf abzusäbeln.

Inzwischen waren ungefähr fünfzig Aufseher angelaufen gekommen, und deshalb tat Striker, was sie ihm sagten, ließ das Messer fallen und sich von ihnen zum Loch bringen. Sie waren *alle* geschockter als Striker selbst.

Striker bekam lebenslänglich und wurde in einen anderen Knast mit Hochsicherheitstrakt verlegt, ins Loch.

Kurz darauf fand man ihn mitten in der Nacht erhängt in seiner Zelle. Viele behaupteten, die Wärter hätten ihn gelyncht, aber Striker hatte mir gesagt, er würde sich umbringen müssen, und wäre er fähig gewesen zu weinen, so hätte er geweint, als er mir das sagte. Weil ich ihm zustimmte. Erbarmen ist manchmal die schwerste Sache auf der Welt, weil wahres Erbarmen einen Akt persönlicher Buße voraussetzt. Er war unbedacht genug, es zu tun: ein Schwein so umzubringen, daß man ihn dabei erwischen mußte.

Es gab noch einen anderen Akt des Erbarmens, den ich quasi miterlebte. Da war ein Gefangener namens X, ungefähr fünfundfünfzig Jahre alt. Er hatte eine Reihe von Schlaganfällen, und nach dem letzten war er bis auf ein Augenlid völlig gelähmt. Er saß eine lebenslängliche Strafe ab.

Ich begleitete jemanden, der X, mit dem er befreundet war, auf der Krankenstation besuchte. Er bat X, für Ja einmal mit dem Augenlid zu zwinkern, für Nein zweimal. So unterhielten sie sich eine Weile. Ich achtete nicht weiter darauf, was sie sich mitteilten.

Dann fragte er X, ob er wolle, daß er, als sein Freund, ihn töte, um ihn von der Misere zu erlösen, im Knast nicht allein zu Rande zu kommen. Ich wandte ihnen meine Aufmerksamkeit zu.

Ich beobachtete X' Gesicht. Es war wie versteinert, wie eine Totenmaske. Lange Zeit standen wir da und konzentrierten uns auf X' Augen. Endlich riß ich mich von X los und blickte kurz fort, und dann sah ich wieder hin.

Sein Auge war geschlossen. Dann klappte es wieder auf, und ich wartete voll Spannung auf das andere Zwinkern, das *nein* bedeuten würde. Ich wußte nicht, ob es schon das *zweite* Zwinkern gewesen war oder das erste. Es war jedenfalls das letzte.

Er starrte nur wie immer zur Decke, als wäre sie eine Riesenleinwand, auf die Szenen aus der Hölle projiziert würden. Er zwinkerte danach nicht mehr, und wir gingen. Ich sagte kein Wort zu dem Mann, den ich begleitet hatte. Er redet gewöhnlich eine Menge, aber von diesem Tag an machte er nur noch den Mund auf, wenn er wirklich etwas zu sagen hatte – denn X war irgendwie in seinem Bett umgedreht und langsam mit einem Kissen erstickt worden. So lautete der Obduktionsbefund.

Sein Freund tötete ihn aus Erbarmen, trotz des Risikos, das es für ihn bedeutete. Einmal fragte ich ihn sogar, ob er X getötet habe, und er sah mir starr in die Augen, sah mich kalt an und sagte dann eisig: »Ja.« Und das war alles. Mit diesen Worten ließ er mich stehen.

Ist das Schicksal des Mannes, der Striker das Messer gab, und des Mannes, der X tötete, irgendwie mit dem Schicksal von Striker und X verknüpft?

Ich erinnere mich, daß ich jene beiden Männer seither ab und an wiedergetroffen habe. In ihrem Auftreten war etwas, das eine bewußte Anstrengung erkennen ließ, nie zu zaudern, nie Zweifel an dem zu hegen, was sie tun. Es ist nicht leicht für einen Mann, seinen Bruder zu töten.

Manche sagen, das sei »unvernünftig«, aber sie können nicht begreifen, daß die Vergangenheit niemals tot, niemals vorbei und vergessen ist. Was in der Vergangenheit geschieht, ist die Zukunft, und deshalb ist die Vergangenheit nicht statisch, nicht ein für allemal festgelegt. So ist nun einmal die menschliche Wirklichkeit. Die Ereignisse und Entscheidungen im Leben eines Menschen gewinnen und verlieren ständig an Gewicht und Bedeutung, sind ebensolchen Veränderungen unterworfen wie der Mensch selbst. Schon aus diesem Grund kann es beim Menschen kein *absolutes* »Gut« oder »Böse« geben.

Manchmal bleiben sie neben mir stehen, und immer blicken sie irgendwohin, nur nicht auf mich, wenn sie zur Begrüßung sagen: »Wie geht's denn so, Jack?« Ungefähr einmal im Jahr.

Erst wenn sie das gesagt haben, wenden sie mir das Gesicht zu und sehen mich an. Ich werde genau gemustert, Auge in Auge. Dann werden sie auf einmal weich und sehen mich an mit dem Blick eines Freundes und sagen mit echter Anteilnahme: »Ist alles in Ordnung?«

Manchmal nicke ich nur, oder ich sage: »Ja.« Dann blicken sie wieder fort und gehen weiter. Es ist, als wollten sie sich nur vergewissern, ob oder inwieweit die Vergangenheit sich geändert hat, seit sie das letzte Mal da waren. Ich versuche, mich nicht zu sehr zu ändern.

... Zwischen den Gefangenen gibt es keine individuelle »Kameradschaft« mehr; es gibt ein Netz von Verbindungen zwischen den einzelnen Cliquen im Gefängnis, ein System, das im allgemeinen auf »Kameradschaft« hinausläuft. Die meisten Gefangenen haben Angst vor fast *jedem* anderen Gefangenen in ihrer Nähe.

... Die Schlägereien, die ich in *Strafanstalten* (Bezirksknasts sind etwas anderes) miterlebt habe, lassen sich beinahe an den Fingern einer Hand abzählen. Gewalt wird *nie* offen geübt und immer mit einem Messer oder einem Rohrende (hier nehmen sie neuerdings Benzin – schütten es über den Gegner und zünden ihn an). Das betrifft selbstverständlich nur die Gewalttätigkeit zwischen einzelnen Gefangenen.

... Als Schauspiel ist es eine Kunstform, die Elemente des Autodafés und des Dramas vereinigt. Die Barbaren erfanden diese Methode, um Bestrafungen zu einem Zuschauersport zu machen; seinen Höhepunkt erreichte dieses Spektakel in den Gladiatorenkämpfen. Mit dem Entstehen der bürgerlichen Nationalstaaten war Schluß damit, denn in der Gesellschaft war kein Platz für so etwas *Barbarisches*. Sehen Sie, Stierkampf ist keineswegs ein Sport. Nicht einmal der Matador betrachtet es als solchen, es sei denn, er weiß nicht genau, was er tut. Ein Stierkämpfer betreibt es als eine Kunst, fast wie ein Berufsschauspieler, der auf der Bühne steht.

Beim Stierkampf riskiert ein Mann sein Leben, um zu töten, aber das ist nicht alles: Wenn er sich seiner Aufgabe nicht mit Würde entledigt, *verliert* er; der Stier wird siegen, und er wird getötet oder verstümmelt werden. Die Situation in der Arena erfordert ein großes Maß an Kontrolle.

Der Matador muß das Tier so lange quälen, bis es ihm gelingt, den Kämpfer in ihm zu wecken und bis zum Äußersten hochzureizen. Der Stierkämpfer kann einen tapferen Stier *leichter* töten als einen feigen Stier. Wenn der Stier feige ist, ist es kein Stierkampf – sondern ein Abschlachten, und der Matador entwürdigt sich, wenn er sich zur Rolle eines *Schlächters* degradiert.

Es ist kein bloßer Sport, denn es kommen ästhetische, erhabene Dinge mit ins Spiel, die die Menschen die moralischen Elemente des Schauspiels entdecken und empfinden lassen, nicht anders, als es das Drama auf der Bühne tut.

Mit dem Matador verbindet sich allein schon von den historischen Ursprüngen des Stierkampfes her etwas Gladiatorenhaftes, aber welchen normalen Mann treibt es in die Rolle des Gladiators? Die Antwort ist: den armen Mann, den Mann aus der sozialen Unterschicht, den Mann ohne jegliche Macht, den Mann, dem der Stierkampf den Weg zu sozialem Aufstieg eröffnet, der ihm sonst verschlossen ist.

Den Eigenschaften, die in dem Stier geweckt werden – Tapferkeit, Achtung (im Grunde *Ehre*), Intelligenz (die List des Tiers vergrößert sich beim Kampf mit einem intelligenten Gegner) und mehr –, diesen Eigenschaften eifert der Mann nach. Deshalb treibt der Matador in gewissem Sinn einen anderen Mann in den Tod. Es ist ein Ersatz-Gladiatorenkampf.

Ein großer Matador gleicht einem genialen Dirigenten, der in dem unerfahrensten Musiker das verborgene Talent zutage fördert.

Wenn der Matador den Stier zu höchster Form treibt, wird das Tier gleichsam geadelt, und in einem Augenblick der Wahrheit – denn in einem gewissen Sinne werden Stier und Matador an diesem Punkt zu *ebenbürtigen* Gegnern – versetzt der Matador dem Tier den Todesstoß.

Es ist kein Zufall, daß Häftlinge Strafanstalten für junge Männer als *Gladiatorenschulen* bezeichnen. An solchen Orten wird Männern beigebracht, wie sie andere Männer töten können. Es wird ihnen so beigebracht wie dem Stier – durch *Peinigen*.

Ein Stier wird von den Weiden einer Stierfarm unmittelbar zur Arena gebracht. Er weiß nicht, was die *capa* ist, er hat noch nie einen Matador, nicht einmal einen Rinderpferch gesehen. Es ist eine völlig fremde Erfahrung.

Jede Phase des Stierkampfs ist ein Test. Ehe der Stier dem Matador entgegentritt, wird er von den *picadores* in Empfang genommen; er greift sie an, und spitze Pfeile *(picos)* werden in seine Nackenmuskeln gebohrt. Er flieht nicht und versteckt sich nicht; er ignoriert den Schmerz, wenn er tapfer ist, und greift wieder an. Dann kommen Männer zu Pferd und umringen und peinigen ihn, und er greift sie an, wieder und wieder. In blindem Zorn.

Wenn er ein guter Stier ist, besteht er alle Tests. Die *banderilleros*, die Männer zu Pferd, ziehen sich zurück, und aus der Mitte der Arena winkt der Matador.

Mit seinem aufreizenden Gehabe und seiner *capa* lockt er den Stier zu sich, und der Stier wird so lange manipuliert, bis sein Zorn einen Höhepunkt erreicht, der ihm Glanz schenkt – dank dem Matador.

Je weiter er getrieben wird, um so einsamer und selbstbewußter wird er; der Kampf verwandelt seine Verwirrung in eine von Kühnheit gekrönte Intelligenz.

Was für eine Erfahrung für den Stier! Sie muß stärker sein als eine religiöse Erfahrung. Nun könnte er nie wieder zu der Herde zurückkehren, aus der er entfernt wurde. Er könnte nie wieder so leben wie zuvor. Er würde sein Leben lang das Rund der Arena in sich tragen.

Wenn er siegt – und seine Chance zu siegen ist praktisch null –, wird er den nächsten Stierkämpfern entgegentreten, bis einer ihn tötet.

Sträflinge, die in *Gladiatorenschulen* ausgebildet wurden, schlagen sich mit der Würde der Gepeinigten – mit der Würde des Stiers in der Arena.

Der einzige wahre Unterschied liegt darin, daß der Stier in einem jubelnden Stimmenmeer von »Bravo! Olé!« in den Staub sinkt – unter einem duftenden Regen von Rosen, die von den Rängen auf ihn herniederschweben.

Der Sträfling aber stirbt elend inmitten höhnischer, ihn verachtender Männer.

Manchmal wird ein Sträfling, dem der Zufall einen großen kräftigen Körper geschenkt hat, dazu ermutigt, die anderen Sträflinge herumzukommandieren. Das ist der traditionelle Traum des typischen Anstaltsleiters: eine Hierarchie, die er kontrollieren kann. Die starken Häftlinge, die das glauben, sind gewöhnlich Narren, die man (wie Schafe zur Schlachtbank) zu der Überzeugung geführt hat, daß ihnen alle gehorchen würden, weil sie einen durchschnittlichen Mann mit ihren Händen zu überwältigen vermochten. Aber wer ihnen dann einen Strich durch die Rechnung machen wird, ist der magere kleine Bursche mit dem Messer oder irgendeiner anderen Waffe. Die inneren und äußeren Zwänge, von denen sich normale Männer leiten lassen, gelten nicht für einen Gefangenen, der sich selbst verteidigen muß.

Für einen Häftling ist es eine Beleidigung, mit jemandem handgemein zu werden. Wenn irgend jemand (ein anderer Häftling) ihn jemals mit der Hand schlagen sollte, muß er ihn mit einem Messer töten. Sonst wird er sich tagaus, tagein mit ihm prügeln müssen. Er könnte dabei sogar getötet werden!

Im Gefängnis sind wir alle höflich zueinander: förmlich in unserem Respekt. Wir alle sitzen Jahre ab. Wenn ich mit jemandem eine verbale Auseinandersetzung habe und ich im Unrecht bin, ist meine Entschuldigung aufrichtig. Wenn ich aber im Recht bin, und irgendein Arschloch ist im Unrecht und weiß es, dann muß ich sein Gesicht Tag für Tag sehen. Wenn er droht, mich zu töten, muß ich ihn tagaus, tagein sehen, jahrelang. Das ist es, was ihn dazu bringt, mich wegen einer scheinbar nebensächlichen Angelegenheit zu töten. *Im Knast ist alle Gewalt auf Mord abgestimmt*, auf nichts anderes. Du kannst nicht jemanden in deiner Nähe haben, der ständig sauer auf dich ist. Er kann dir jeden Tag ein Messer in den Leib rennen.

Du lernst, ihn »zurechtzulächeln«. Ihn mit Freundlichkeit zu *entwaffnen*. Während du also innerlich vor Wut auf jemanden beinahe umkommst, lernst du, es zu verbergen, zu lächeln oder Feigheit vorzutäuschen.

Du mußt von einer total passiven Haltung auf totale Aktivität schalten, um mit deinem Messer sein Herz nicht zu verfehlen. Auch das verwirrt einen im Gefängnis. Ein Messer ist eine intime Waffe. Sehr persönlich. Es verwirrt dich, weil du nicht aus körperlicher Notwehr heraus tötest. Du tötest jemanden, um im Knast einigermaßen anständig zu leben. Moralische Notwehr.

Sagen wir, irgend jemand klaut etwas aus deiner Zelle. Du erwischst ihn in flagranti. Vielleicht hat er eine Stange Zigaretten geklaut. Er schreit dich an. Als nächstes mußt du freundlich zu ihm sein. Wenn er dein Eigentum genommen hat, wird er das nächste Mal versuchen, dir wer weiß was zu nehmen. Möglicherweise versucht er sogar, dich zu ficken, wenn du dich von ihm hast beklauen lassen. In der »Knastgesellschaft« erwartet man von dir, daß du ihm ein Messer in den Bauch rennst. Unter Umständen mußt du eine Woche lang im Hof mit ihm spazierengehen, um ihn zu überrumpeln, ihn zu isolieren, damit du ihn töten kannst.

So geschieht es dann: Ihr beide seid in seiner Zelle, ganz allein. Du hast ein Messer rausgeholt (zwanzig bis fünfundzwanzig Zentimeter lange Klinge, doppelschneidig). Du hältst es dicht ans Bein, damit er es nicht sehen kann. Der Feind grinst und quasselt irgendwas. Du siehst seine Augen: grünblau, wäßrig. Er denkt, du bist sein Narr; er vertraut dir. Du siehst die Stelle. Das Ziel ist zwischen dem zweiten und dritten Knopf seines Hemds. Während du gelassen redest und lächelst, stellst du deinen linken Fuß zur Seite, als wolltest du links an ihm vorbei.

Ein leichter Ruck der rechten Schulter zu ihm hin, und die Welt steht kopf: Du hast das Messer bis zum Heft in seine Brust gesenkt. Langsam beginnt er, um sein Leben zu kämpfen. Während er zu Boden sinkt, mußt du ihn schnell töten, oder du wirst geschnappt. Er sagt: »Warum?« Oder: »Nein!« Sonst nichts. Du kannst sein Leben durch das Messer in deiner Hand beben fühlen. Es droht dich zu überwältigen, dieses Gefühl der Zärtlichkeit mitten in einer gemeinen Mordtat. Du hast das Messer mehrmals hineingerannt, ohne dir dessen auch nur bewußt zu sein. Du gehst mit ihm zu Boden, um ihm den Rest zu geben. Es ist, wie wenn man warme Butter schneidet, nicht der kleinste Widerstand. Zuletzt flüstern sie immer eines: »Bitte.« Du hast den seltsamen Eindruck, er flehe dich nicht etwa an, ihm nicht weh zu tun, sondern es richtig zu machen. Wenn er deinen Namen sagt, nimmt es deiner Entschlossenheit die Spitze. Du verfällst in so etwas wie eine mechanische Starre. Du registrierst in Zeitlupe, weil nun alle deine Sinne auf einen neuen Höhepunkt gerichtet sind. Du läßt ihn in seinem Blut liegen, mit toten Augen stierend. In deiner Zelle ziehst du dich aus und zerreißt deine Klamotten, spülst sie im Klo weg. Du wirfst das Messer fort. Du saust unter die Dusche. Dein klares Bewußtsein kehrt zurück. Es gibt keinen Zweifel, daß du das einzige getan hast, was du tun konntest. Die meisten von denen, die okay sind, wissen, daß du es getan hast. Niemand stellt Fragen, aber wenn du einen siehst, umarmt er dich vielleicht, haut dir auf die Schulter, lacht. Du hast nur eine Ratte erledigt, die alle haßten. In den großen Strafanstalten wird bei solchen Morden nicht mal ermittelt. Während meiner Zeit in ... wurden dreißig bis vierzig erstochene Männer gefunden. Es gab nur eine Verurteilung, und auch die nur, weil der Mörder sich stellte und bei der Anklage wegen Totschlags kooperierte: zehn Jahre.

Ich bin kein professioneller Schriftsteller, deshalb ist es schwer, diese Dinge zu schreiben, ohne so zu wirken wie ein brutaler Schwächling mit einer kranken Phantasie. Aber mittendrin möchtest du aufhören und ihn so fest halten, daß du sein Leben in ihn zurückpressen und ihn retten kannst. Aber du kannst nicht mittendrin umkehren. Es ist die Unvernunft der Gewalt, die – diesmal zugunsten des Lebens – versucht, dich während der Tat aufzuhalten: dieselbe Kraft, die dich zu dieser Tat trieb.

... Ich sage Ihnen, ich habe es mit meinen eigenen Augen *gesehen!* Und ich habe es oft genug gesehen, um zu wissen, daß es *gang und gäbe* ist. Er hätte sich wehren können. Nicht nur das, ich habe seine Bewegungen gesehen, und ich weiß, daß er sich mit Erfolg hätte verteidigen können. Der, der ihn erstach, war ein *Feigling.*

Er war nur quer über den Bauch und die rechte Schulter geschlitzt worden – nicht tief. Aber sein Angreifer schrie einen Befehl: »Arme runter!« – und er sah ihn verwirrt an *und ließ tatsächlich die Arme sinken.* Er *bot* ihm seine Brust; füllte sogar seine Lungen, fast in einem Seufzer der Erleichterung, schob die Brust vor. Völlig wehrlos. Der Mann verschwendete keine Zeit, zielte direkt auf sein Herz. Der andere ließ sich einfach *töten.* Er versuchte nicht einmal, um sein Leben zu *laufen:* er *schenkte* es ihm. Es fehlte nur noch, daß er sagte: »Hier ist mein Leben, nimm es!«

... Ich habe erlebt, daß Männer wie zu Salzsäulen erstarrt dastanden, und ich habe erlebt, daß sie sich anstrengten und versuchten, sich aus ihrer *eigenen* Passivität zu reißen, während sie abgestochen wurden. All das nur, um der Gewalt zu begegnen und sie zu überwinden – der Gewalt, die bereits ihr Leben forderte.

Wenn (falls) sie schließlich doch beginnen, sich zu wehren, ist es immer zu spät. Sie sind tödlich verwundet. Sie fangen an, um sich zu dreschen, versuchen, ihren Angreifer zu taxieren – aber es ist zu spät.

Ich rede nicht vom Schock der Überraschung. Ich rede nicht von einem Augenblick des Zögerns. Ich sage, sie *akzeptieren* ihren Tod von den Händen eines anderen allzu leicht. Gott, manchmal wird es sogar zu einem *bewußten Akzeptieren*, irgendwann in ihrem Kampf gegen sich selbst, um die eigene Passivität zu besiegen.

... Man kann so ohnmächtig sein vor Haß, so wütend auf jemanden oder etwas im Gefängnis, daß man zu der Gewalt in seinem Gehirn *onanieren* muß, denn wenn man sie nicht *irgendwie* bändigen kann, wenn man nur ein klein wenig aufhört, sich im Griff zu haben, fängt man vielleicht an, laut vor sich hin zu brabbeln – und beendet seine Tage in einem kreischenden, blindwütigen Geifer, aus dem es keine Umkehr gibt. Man wird als *Rasender* aus dieser Welt gehen.

... Sie erwähnen die These, Gewalt sei mit Sexualität verknüpft. Es ist absurd, aber bis zu einem gewissen Grad stimme ich zu.

... Es ist ein absurder Widerspruch in der amerikanischen Gesellschaft (auch anderswo?), daß ein Mann die sexuelle Inbesitznahme seiner Frau (oder Partnerin) als Weihe und Ausdruck der Liebe betrachtet – *denselben* Akt der Inbesitznahme jedoch als das genaue Gegenteil sieht, wenn er von einem anderen Mann ausgeführt wird: als *Entweihung* und Ausdruck der tiefsten Geringschätzung. Wegen dieses Widerspruchs ist Sexualität so sehr mit Gewalt verbunden.

Zu den ersten Dingen, die bei einer Gefängnisrevolte passieren, gehört dies: Wärter werden sexuell bezwungen, meist anal penetriert. Ich gebe nicht vor, das nicht zu verstehen; wir verstehen es alle. Ich kann mich aus verschiedenen Gründen nicht der Meinung anschließen, daß es »natürlich« ist und daß alle unverhüllten Akte sexueller Aggression in das *Konzept der Gewalt* passen, weil Gewalt *destruktiv* ist. Es gibt Leute, die solche Akte aus *Liebe* verüben. Es ist jedoch klar, daß ein Mann, der einen anderen Mann anal nimmt, um seine Geringschätzung auszudrücken, damit nur seine Geringschätzung für die Frau – nicht für den Mann – demonstriert. Die männlichen Angehörigen der Gesellschaft finden gewöhnlich, es sei eine große Schande und Entwürdigung, erfahren zu haben, wie es ist, eine Frau zu sein. Ich denke, eine so radikale Einstellung zeigt, daß die Sache emotional *geladen* ist.

... Ich kam aus demselben Grund ins Gefängnis, aus dem Caryl Chessman hingerichtet wurde: Arroganz.

Der Richter schickte mich zu dem ausdrücklichen Zweck in die Bundesstrafanstalt, mich von Gefangenen vergewaltigen und zu einem Homosexuellen machen zu lassen – zu einem *passiven* Homosexuellen. Es gab absolut keinen anderen Grund. Damals gab es im Knast nicht einmal den Anschein von Resozialisierung, und es gab keine Gefängnispsychologen. Das Gefängnis wurde ausschließlich von Knastwärtern der alten Schule beherrscht. Es gab keine »Resozialisierungsprogramme«.

Die Schweine, die mich ins Gefängnis transportierten, erzählten mir sogar, ich würde dorthin geschickt, um zu einem Schwulen reduziert, meiner Männlichkeit beraubt, kastriert zu werden. Sie meinten, ich würde nicht mehr so arrogant sein, wenn man mich erst einmal zu einem »Schwanzmaul« gemacht hätte.

Wenn ich Angst hatte, dann war es mir keinen Moment lang bewußt. Es steht fest, daß ich vor Wut schäumte, der Wut, die man nach einer furchtbaren Beleidigung empfindet. In dieser emotionalen und geistigen Verfassung kam ich an. Man könnte sagen, ich war *paranoid:* blutrünstig, danach dürstend, mich durchzusetzen.

Jeder neue Häftling kam ungefähr sechs Wochen lang in Quarantäne. Quarantäne hieß *Anfängertrakt*. Jemand, den ich von der Besserungsanstalt her kannte, steckte mir ein Filettiermesser zu, als ich im *Anfängertrakt* ankam.

Schon beim ersten Häftling – einem Sträfling mittleren Alters –, der mich zu ficken versuchte, zog ich das Messer. Ich zwang ihn auf die Knie und ließ ihn mit dem Messer an der Kehle vor den Augen seiner drei Partner an meinem schlaffen Schwanz Fellatio ausführen.

So wird es gemacht. Wenn man ein Mann ist, muß man jeden, der einen sexuell nötigen will, töten oder den Spieß umdrehen. Das ist unter jungen Häftlingen *üblich*. Tut man das, so spricht sich überall herum, daß man trotz seiner Jugend ein Mann ist.

Ich war seit meiner Jugend in der *Gladiatorenschule* darauf gedrillt worden. In jenen Tagen war es unvermeidlich, daß ein Halbwüchsiger, der in eine reguläre Strafanstalt geriet, irgendwann einmal angreifen und *töten* mußte, wenn er kein »Punk«, kein Stricher, werden wollte – obgleich nicht immer alle mitbekamen, daß er einer geworden war. Wenn er sich nicht selbst beschützen konnte, tat es ein anderer.

Ehe ich einundzwanzig war, hatte ich einen Gefangenen getötet und einen anderen verwundet. Ich kam nie aus dem Knast raus. Ich wurde nie ein »Punk«.

Die Beamten finden es nicht weiter schlimm, wenn jemand im Gefängnis vergewaltigt wird. Im Gegenteil, die Vorstellung erregt sie; sie *genießen* es.

Wenn ich mir im Knast einen Hurenjungen nehme, *gehört er mir*. Er ist wie ein Sklave, ein Leibeigener. Es ist üblich, daß niemand ihn direkt anredet. Er hält meine Zelle und meine Kleidung sauber und macht Besorgungen für mich. Er muß alles tun, was ich ihm sage – genau wie es in manchen Ehen noch heute von der Frau erwartet wird. Aber ich kann ihn jederzeit verkaufen oder verleihen oder verschenken. Ein anderer Häftling kann ihn mir wegnehmen, wenn er mich unterkriegt.

... Die meisten Gefangenen, die ich kannte – ungefähr neunzig Prozent –, bekundeten sexuelles Interesse am eigenen Geschlecht. Ich zögere, von »Homosexualität« zu sprechen, weil die amerikanische Gesellschaft *allein* den passiven Homosexuellen – den, der die weibliche Rolle übernimmt – als »Homosexuellen« einstuft. Draußen ist es also wirklich genau wie im Knast, nur daß es im Knast nicht kaschiert wird.

Sie sehen schon jetzt, daß dadurch die Bedeutung vieler Begriffe verzerrt wird und viel Gewalt, sowohl physische als auch psychische, entstehen kann. Weil kein Häftling einen Homosexuellen wirklich respektiert, obgleich – wie ich eben sagte – fast alle dieses Verlangen teilen. Es ist dasselbe wie in der Männergesellschaft außerhalb des Gefängnisses.

Übrigens gab es in jeder der Strafanstalten, in denen ich einsaß, höchstens ein halbes Dutzend »notorische« Homosexuelle unter den Häftlingen, nie mehr.

Ich habe nur ein- oder zweimal in meinem Leben gesehen, wie zwei Männer im Gefängnis zueinander zärtlich waren, sich küßten oder erotisch berührten. Der notorische Homosexuelle spielt die Rolle einer Frau und ist gewöhnlich mit einem Häftling verheiratet, der auf dem Hof respektiert wird. Er gibt ihm die Sicherheit und den Schutz, die er draußen einer Frau geben würde. Trotzdem werden diese Stricher von allen verachtet; nur Spitzel werden noch mehr verabscheut. Gefängnisleitungen respektieren diese Beziehungen. Sie fördern sie sogar.

Wenn ein Stier auf den Weiden einer Stierfarm für die Arena ausgewählt wird, muß darauf geachtet werden, wie er sich zu anderen Stieren seiner Herde verhält. Ein Stier, der in der Nähe anderer Stiere Verwirrung zeigt, weil er gleichgeschlechtliche Neigungen hat, ist bereits von Männern – von anderen Stieren – bezwungen worden. Er ist *passiv*, so kraftvoll und maskulin sein Äußeres auch sein mag. Er hat nicht nur seine Sicherheit verloren, sein Kampfgeist ist gebrochen.

Gerard fiel vor meinem Zellengitter auf die Knie und flehte mich an, flehte mich unter Tränen an, mit gequältem Gesicht: »Ich halt' es nicht mehr aus! Steck ihn mir in den Mund! Bitte, bitte, bitte...«

Er war in den letzten paar Monaten vor jeder Zelle des Trakts gewesen und hatte meist eine Abfuhr bekommen. Einige wenige hatten ihm aber erlaubt, sie durch das Zellengitter zu blasen.

Ich war überrascht, nicht darüber, was er aus sich machte, sondern weil er damit sogar zu *mir* kam. Ich werde müde, richtig schläfrig – wie vor Langeweile –, wenn man mich persönlich mit solchen Dingen konfrontiert. Gerard war kein Schwanzmaul, egal, was er von sich glaubte.

Ich muß die ganze Zeit, die er mich anbettelte, den Kopf geschüttelt haben. Ich weiß, daß ich an dem Punkt, an dem seine Erregung ihn völlig zu übermannen drohte, ungeduldig wurde. Ich mußte ihm befehlen aufzustehen, sich von den Knien zu erheben.

Ich sagte ihm: »Laß mich in Ruhe! Hau ab! Los!« Er kam zu sich und ging.

Ich hatte ihn bereits Jahre vorher kennengelernt; ich hatte ihn gekannt, als er noch intakt, als er stark war und Würde besaß.

Ich betrachte ihn jetzt, und ich suche den Mann, den ich vor so langer Zeit gekannt habe. Manchmal kann ich den alten Gerard ganz kurz erblicken, und es ist, als spielte er nur, als sagte er: Ich möchte nur sehen, was passiert, wenn ich das hier mache; ich halte euch nur zum Narren, um zu sehen, wer weiterhin zu mir stehen wird.

Gerard war *vorher* ein Witzbold, und dann und wann merkt man es noch. Aber er scherzt jetzt nicht, versucht nicht, jemanden zum Narren zu halten.

Und es ist noch gar nicht so lange her, daß er der Gerard

war, den ich kannte. Nur ein paar Jahre; höchstens fünf. Er ist nicht durchgedreht und hat auch in seinem Widerstand gegen die Gefängnisleitung nie nachgelassen.

Es scheint beinahe, als rebelliere er jetzt auch gegen *uns*, obgleich er keinen von uns angreifen würde, es sei denn aus Notwehr. Er würde sich genauso prompt gegen uns wehren wie gegen die Schweine. Ich versuche, diesen Verrückten, der nicht durchgedreht ist, zu verstehen, aber es ist schwer.

Doch jener Ausdruck, den ich in seinen Augen entdecke, der Ausdruck, den ich für ein Indiz bewußter Täuschung nehmen könnte, ist etwas, das mich schaudern macht. Manche sagen, daß sie Grabsteine in seinen Augen sehen.

Nietzsche spricht in seinen Werken vom »Blick der Ewigkeit«; ich habe diese Wendung nie weiter beachtet, als wäre sie eines von seinen großartigen poetischen Bildern. Aber wenn ich Gerards Gesicht sehe, kommt mir jedesmal dieser Ausdruck in den Sinn: der Blick der Ewigkeit.

Der freie Wille – der Wille zu persönlicher Macht, der keine Grenzen anerkennt, weder von Menschen noch von Gott – ist in Tod gehüllt.

Jeder könnte Gerard aus Vergeltung töten, und alle anderen würden seinen Mörder schützen. Aufseher wie Gefangene. Er gehört zu den Menschen, die alles Böse in anderen herausfordern, und doch ist er nach menschlichem Ermessen aufrichtig und hat nie die Absicht, irgend jemandem zu schaden.

Es ist, als sei der Schleier, der uns alle vor uns selbst – und voreinander – schützt, für Gerard beiseite gezogen worden, damit er die Wirklichkeit von allem sieht. Man kann ihn nicht täuschen; man kann kein Gefühl, keinen Gedanken vor ihm verbergen. Er kennt die Realität.

Deshalb wird er eines Tages ermordet werden – und er weiß, er kann dem nicht entrinnen.

Ich weiß nicht, wie es zu dieser Veränderung in ihm

kam. Sie muß stufenweise erfolgt sein. Ich weiß nur eines: Eines Tages bemerkte ich, daß er einen endgültigen Knacks abbekommen hatte. Er pflegte viel Unsinn zu treiben. Wie gesagt, eines seiner Merkmale war seine Fähigkeit, sich über alles lustig zu machen; meist über sich selbst.

Er war so oft ins Loch gekommen, daß die Aufseher ihn auf die *Kümmert-euch-nicht-um-den-Liste* setzten, die ich schon einmal in einem meiner Briefe an Sie erwähnte.

Können Sie sich ein halbes Leben Knastdisziplin vorstellen? Du wirst ständig und überall von Wärtern angehalten und gefilzt. Deine Zelle wird fast täglich gefilzt – und jede winzige Kleinigkeit, die zufällig in deinen Besitz gelangt ist, jeder Gegenstand, der nicht an alle Häftlinge ausgegeben wurde und nicht ausdrücklich auf jener kläglichen Liste mit dem halben Dutzend erlaubter Dinge verzeichnet ist, all das konfiszieren sie, und wenn es sich um etwas handelt, das auf irgendeine Weise die Sicherheit gefährden *könnte*, kommst du dafür ins Loch. Du wirst angehalten und gefragt, warum du dich ausgerechnet an der und der Stelle außerhalb deiner Zelle aufhältst. Es gibt eine Million solcher Dinge, denen man täglich unterworfen ist.

Und dann ist es eines Tages plötzlich so, als wärst du ein Geist. Keiner der Aufseher kann dich sehen. Du kannst gehen, wohin du willst, und die Wärter halten dich nicht an, ja, sie *sehen* dich nicht mal mehr. Ich habe sogar beobachtet, wie Gerard den inneren Zaun *hochkletterte* und sich oben auf die Drahtrollen setzte und den Aufsehern in den Wachttürmen zuwinkte. Er blieb eine halbe Stunde dort sitzen, und kein Mensch behelligte ihn, bis endlich zwei Aufseher zum Zaun gingen und ihn auf fast absurd höfliche Weise baten, er möge so freundlich sein, wieder herunterzukommen. Er tat es schließlich, und sie ließen ihn verwirrt hin und her laufen. Sie steckten ihn nie mehr ins Loch.

Ich glaube, die Männer, die die Dinge ernst nehmen – die sich selbst ernster nehmen als alles andere –, sind die einzigen, die die Kümmert-euch-nicht-um-den-Liste überleben. Man darf im Knast rumlaufen und *alles* tun und sagen, was man will, und die Wärter übersehen einen; ignorieren einen, als wäre man gar nicht da. Nur wenn man einen Akt der Gewalt begeht, schlagen sie zu und schleifen dich ins Loch.

Sie wollen dich beobachten, und sie hoffen, daß du die anderen Gefangenen in deinem Zustand dazu bringst, dich nicht mehr zu mögen, in der geheimen Hoffnung, daß dich einer von ihnen umbringt oder daß du langsam in jenen permanenten Dämmerzustand verfällst, der von der Verwirrung deiner Knast-Sinne herrührt. *Das Gefängnis ist von deiner sensorischen Existenz abstrahiert.* Du kannst tun oder sagen, was du willst. Im Grunde gerät nun alles unter deine Herrschaft.

Ich pflegte manchmal mit Duschsandalen in den Speisesaal zu torkeln, und keiner von den Aufsehern hielt mich auf. Ich ging an den Häftlingsschlangen vorbei und lungerte hinter den Serviertheken in der Küche herum, nahm mir alles, was ich essen wollte. Die Schweine standen abseits, beobachteten mich aus den Augenwinkeln und grinsten. Sie stießen einander in die Rippen und zwinkerten sich zu.

Ich marschierte mit einem Napf Essen in der einen und einem Laib Brot in der anderen Hand hinaus, in jenem verrückten, ins Leere gerichteten Trotz auf der Schwelle zum Wahnsinn. Ich *bestand* auf meine Freiheit. So marschierte ich den Gefängniskorridor entlang zu meiner Zelle und guckte jedes Schwein, das in meine Richtung sah, herausfordernd an.

... Wissen Sie, was daran so merkwürdig ist? Ich war jedesmal fast bereit, mich umzubringen. Ich wollte unbedingt frei sein. *Immer* brannte ich, *brannte* wirklich danach, das Gefängnis zu verlassen, *frei* zu sein: fortzukommen von dieser Sache, die mein Leben so unwiderruflich kaputtmachte. Ich hätte für die Freiheit meine Seele verkauft, aber ich hätte keinen Tag lang ehrlich gearbeitet oder mich einen Augenblick »gut« benommen, um dasselbe Ziel zu erreichen. Ist das nicht sonderbar? Meine arme Seele! In was für einem Zustand sie sein muß, daß man sie so billig kaufen kann...

... Es sind nicht die Gefangenen, die für ihre miesen Knastbeziehungen untereinander verantwortlich sind. Es ist das amerikanische Gefängnissystem, das sie dazu treibt, Greueltaten gegen andere Häftlinge zu begehen. Wir haben keine Schuld. Wir sind keine Tiere, aber wir werden wie Tiere zusammengepfercht. Wir werden zerrissen von dem Bewährungssystem, das alles Gemeine und Niedrige in einem Mann belohnt. Wenn wir unsere armen Kameraden verraten, werden wir belohnt. Wenn wir um die Gunst unserer Kerkermeister buhlen, werden wir belohnt. Wenn wir uns weigern, uns zu verteidigen, werden wir belohnt. Wenn ein Mann sich vom Gefängnispersonal dazu mißbrauchen läßt, einen anderen Häftling hereinzulegen, wird er belohnt. Wenn er dir den Schwanz auslutscht, um dich so weit zu kriegen, daß du vor ihm auspackst, wird er für die Information belohnt und für seine Methode gelobt. Es ist völlig zutreffend, Gefängnisangestellte als brutale Sadisten zu betrachten, die ihre Arbeitszeit einzig und allein damit verbringen, Knastintrigen von der übelsten Sorte in Gang zu bringen und zu steuern.

Man sagt, Menschen, die zusammen *leben*, werden sich im Lauf der Zeit ähnlich. Ehepaare »ähneln« sich mit der Zeit, weil die Miene beider Partner dieselbe Haltung gegenüber den Dingen in ihrer Umgebung ausdrückt, weil sie die gleichen Eigenheiten und Ticks angenommen haben. Man sagt, das sei ein Zeichen wahrer Liebe – das liebende und das geliebte Wesen würden eins. Ich habe es selbst gesehen. Wir haben es alle gesehen. Wir wissen alle, daß es vieler Jahre des Zusammenlebens bedarf, damit Liebende zu »Ebenbildern« werden.

Aber mir wird jedesmal speiübel, wenn ich feststelle, daß ich so aussehe wie meine »Brüder«, die ihr Leben lang im Gefängnis gewesen sind. Ich habe all diese Jahre hindurch die Veränderung in meinem Aussehen *studiert*. Es ist der Typ eines *Ausgestoßenen*, eines »Gesetzlosen«, um den altmodischen Ausdruck zu gebrauchen. Es ist das Gesicht von Männern, die sowohl *deklassiert* als auch *barbarisiert* sind. Männer, die während ihrer Existenz in der Gesellschaft sozialer Ausschuß geworden sind, haben eine solche Physiognomie. Ich verabscheue ihn, diesen Lumpenproletariertyp des Kriminellen; dieses Produkt eines Nervenkrieges, den niemand erklärt hat, der uns jedoch aufgezwungen wird!

Nach zehn oder fünfzehn Jahren geht die Sonne im Gefängnis weder auf noch unter. Es gibt keine Jahreszeiten mehr: keinen Wind, keinen Regen, keine Sonne in deinen Haaren. Es gibt keine Kinder, die dir eine Vision des Lebens schenken, keine Frauen, die deine Seele trösten. Ich bin auf Gefängnisgelände nie unter dem nächtlichen Himmel spazierengegangen.

Deine Bedürfnisse nehmen feste Gestalt an, verfolgen dich mit Spiegelbildern all dessen, was dir in deiner jetzigen Existenz mangelt. Nichts ist so überflüssig wie das persönliche Bedürfnis, persönliche Bedürfnisse zu befriedigen, und diese Bedürfnisse werden zu so dichten Bildern und Objekten vergrößert und verzerrt, daß sie das Wenige an Realität verlieren, das sie besaßen, bis du zuletzt nicht mehr *fähig* bist, die Realität so mühelos zu akzeptieren, wie du es früher vielleicht getan hast.

Du versuchst nur deshalb, dich zusammenzureißen, weil andere – andere Gefangene – bei dir sind. Ihr tröstet einander nicht; ihr toleriert euch. Ihr macht die Verwirrung über eure Realität noch größer, indem ihr euch etwas vorlügt. Ihr könnt euren Anblick nicht ertragen, aber ihr seid dazu verdammt, euch jede Minute des Tages zu sehen, jahrelang, ohne Ende. Ihr müßt zusammen baden, scheißen und pissen, zusammen essen und schlafen, ihr müßt miteinander reden und zusammen arbeiten.

Die kleinste Blöße, die man sich gibt, hat eine so ungeheure Wirkung, daß dabei die ganze Welt aus den Fugen gerät. Es ist, als ließest du in einem riesigen Stadion klammheimlich einen Furz, und urplötzlich verstummten die vielen tausend Leute und blickten dich strafend an. Das fügen Gefangene einander zu.

Götter und Drogen

Jogis hungern ihre Bedürfnisse aus. Ich speise meine mit Träumen. Ich schläfere sie ein, aber sie werden immer wieder wach und versuchen, mich wie eine Marionette an ihren Fäden zu bewegen. Ich bin ein weißer Mann, ein zivilisierter Mann, wie Sie und alle weißen Männer. Das Bedürfnis, nahe bei Gott zu leben, anders ausgedrückt, die Notwendigkeit, die in unserer Brust die Gewißheit zeugt, daß Gott existiert, wurde im Verlauf der Geschichte aus unseren Genen herausgewaschen. Anders als Sie und die meisten weißen Männer entfernt meine Verzweiflung an Gott mich sogar von den rituellen Übereinkünften der Religion, weil ich im Gegensatz zu anderen in mir nicht die Notwendigkeit sozialer Konventionen spüre, nach denen die Toten zu respektieren sind. Anders als moderne weiße Männer, Philosophen, die an Gott verzweifeln, treibt meine Verzweiflung mich nicht zu dem existentiellen *Akt* zu glauben.

Ich glaube nicht an Gott, nicht weil ich es nicht will, sondern weil ich es nicht *kann*. Ich glaube nicht an religiöse Ethik, weil ich es nicht kann, und das gleiche gilt für jeden »Glauben« in mir. Und jedes »Gefühl«. Ich kann mir eben nicht aussuchen, was ich hasse, liebe oder begehre. Wenn ich glaubte, die Todesstrafe sei absolut »unmoralisch«, würde ich nicht zögern, jemanden vor der Hinrichtung zu retten. Sonst würde mein *Gewissen* mir keine Ruhe lassen.

Ist all das eine psychologische Verirrung? Ist es »Idealismus«? Ich meine nicht. Aber ich meine, die gesamte moderne existentialistische Philosophie sucht unbewußt einen Weg, der dem Menschen erlaubt, mit einem schlechten Gewissen, einem Gewissen, das ihm keine Ruhe läßt, zu leben. Der *Mensch* ist schlicht und einfach ein Feigling. Er liebt das Leben zu sehr. Er fürchtet andere zu sehr. Und wenn ich könnte, würde ich das auch tun, aber ich kann nicht mit einer Lüge leben. Ich habe jedoch Männer gesehen, die so blendende Lügner sind, daß sie jahrzehntelang ihre Lüge aufrechterhalten.

... Eben fiel mir ein, daß jeder Theismus in einem entsprechenden »Glauben« wurzeln muß. Enttäuschter Glaube an die Gesellschaft (Menschheit) und einzelne führt *immer* zum Glauben an eine metaphysische Welt. Glaube ist ein verteufelter Begriff, ein verteufeltes Phänomen. Für Sartre war existentieller Glaube nur der Glaube an den Unterschied zwischen einem Arsch und einem Loch in der Erde (ziemlich buchstäblich). Aus sonderbaren Gründen, zu abgedroschen, um hier im einzelnen erörtert zu werden, sagte er *tatsächlich*, der Verlust des Glaubens (das heißt, Furcht; Phobie) an ein *Loch* (das meine ich ebenfalls *buchstäblich*) führe – durch Verschiebung – zu dem als Homosexualität bekannten Phänomen. Er sagte das tatsächlich, zu Anfang der letzten zweihundert Seiten von *Das Sein und das Nichts*. Ich habe es vor dreizehn Jahren gelesen, und es fällt mir noch heute schwer zu glauben, daß jemand (selbst er) so primitiv, so dumm sein kann, das zu behaupten – selbst wenn es irgendwie stimmte. Idealisten sind schrecklich naiv, wenn sie über die materielle Wirklichkeit reden.

... Ich finde das menschliche Element in allen Religionen sehr schön und rührend. Religiöse Ideen bewegen mich sehr, fast so sehr wie die Leute, die sie hegen. Mich bewegt das Wissen, daß man in religiösem Existentialismus Trost findet. Ich wünschte, *ich* könnte es. Sie können von Glück sagen. Meine Lektüre Kierkegaards, Bubers und Jaspers' – um drei zu nennen – inspirierte und veränderte mich. Das bißchen emotionale Reife, das ich habe, verdanke ich meiner Ansicht nach dem Werk Sören Kierkegaards (nach Nietzsches kindischen Phantasien).

Mehr als alles andere auf der Welt wünsche ich mir Trost. Ich kann nichts dafür, wenn ich nicht von Gott, von einer Vision der wahren HERRLICHKEIT GOTTES getröstet wurde. Ich meine das mit meinem ganzen Herzen. Die Wissenschaft ist für mich kein Trost, so wie kein abstraktes Wissen von der Welt ein Trost sein kann.

Die Wahrheit des religiösen Existentialismus ist von anderer Beschaffenheit als die Wahrheit der Wissenschaft. Mein Problem ist, mit beiden zu leben, weil mein Leben aus irgendeinem perversen Grund so verlaufen ist, daß eine von beiden einfach nicht genügt, mich glücklich zu machen, mich zu trösten. Die beiden müssen miteinander versöhnt werden, und der Marxismus ist anscheinend auf dem besten Weg, das zu tun.

... *Gott, ich brauche jetzt einen Schuß.* Das ist die einzig mögliche Erholung nach so vielen Jahren. Nächsten Monat fange ich an, mein siebzehntes Jahr hinter Gittern abzureißen.

Nichts anderes auf der Welt kann mir dieses Gefühl geben, dieses Glühen, das in meinem Bauch beginnt und dann durch meine Nerven und Organe nach oben steigt, bis in die Schläfen. Es gibt mir das, was ich brauche, um mit all dem hier leben zu können.

Die anderen Götter sind im Vergleich dazu nichts. Man braucht an nichts zu glauben. Und wird es nötig, aus Verzweiflung an Gott zu glauben, so hast du der Unterdrückung ein Schnippchen geschlagen, wenn du es fertigbringst, an der Seite des Ungeheuers zu leben, ohne dich zu dem Glauben zu verrenken, es sei Gott.

Irgend jemand hat mal gesagt, wenn es keinen Gott gäbe, würden die Menschen einen erfinden. Der Mensch, der das Opium erfand, muß ein wahrer Rebell gewesen sein. Ich glaube, das richtige Wort heißt in diesem religiösen Kontext *verdammt*.

Haben Sie bemerkt, daß Drogen in unserer Hemisphäre irgendwie mit revolutionären Dingen verwoben sind? Das gilt ohne Zweifel bis zum untersten Zipfel Südamerikas.

Ich denke manchmal, es ist unser Mittel gegen den Teufel. Die »Atmosphäre« in diesem mächtigsten monolithischen Imperium der Welt ist so stickig. Das, was allein der Teufel mir geben kann, »brauche« ich nicht, wenn ich ein paar Drogen (ein bißchen Marihuana, LSD, Hasch) habe.

Ich wünschte, die Revolution wäre in diesem Land so einfach wie in den industriell unterentwickelten Ländern. Sonst würde ich mein Leben damit beenden, daß ich ein Schwein im Gefängniskorridor ermorde. Besonders heute, wo Gefängnisse so viel »leichter« sind (das heißt, in psychologischer Hinsicht ein Inferno für einen amerikanischen Kommunisten), würde ich es ohne eine kleine Erholung dann und wann nicht lange aushalten. Diese Erholungen sind nur mit Drogen möglich.

Olé!

Und wenn ich mich mit diesen Worten nur unbewußt rechtfertigte und sie alberne Entschuldigungen dafür wären, daß ich ein Arschloch bin?

Ich bin mir im klaren (wenn auch nicht so sehr, wie ich es sein sollte), daß alle diese Zweifel an mir selbst nur Äußerungen meiner Isolation sind. Hätte ich die materielle Freiheit zu handeln, zu organisieren, Situationen herbeizuführen und Beziehungen zu knüpfen, würden mich keine solchen Selbstzweifel plagen. Ich würde lachen, wenn ich an diese (jetzige) Zeit meiner »Reflexionen über meine Reflexionen« zurückdächte!

Neulich wurde ein Genosse aus einem anderen Gefängnis hierher zu uns verlegt. Für ihn ist Disziplin mit körperlicher Gesundheit verbunden (keine Zigaretten, keine Drogen, keine Stricher usw.). Beinahe mit *Gymnastik*. Seine Einstellung spiegelt eine ultralinke Haltung wider, die einen Schwenk um 180 Grad vollzogen hat; diese extreme Linke ist jedoch identisch mit der Rechten.

Er kam mit einem Lebenslänglich ohne Bewährungsmöglichkeit in den Knast. Er sitzt seine erste Gefängnisstrafe ab. Zwar ist er jetzt schon fünf oder sechs Jahre im Gefängnis, aber anscheinend haben viele Umstände dazu beigetragen, ihn vor vielen Knastrealitäten zu bewahren: vor anderen Gefangenen – und damit vor sich selbst.

Er begreift das *Laster* nicht. Er hat das Gewissen eines Bürgers, das heißt, er hat ein offensichtlich schlechtes Gewissen, also *Schuldgefühle*.

Er möchte abseits von der Kategorie der Häftlinge stehen, und doch ist er einer von ihnen. Selbstverständlich hat er einige ihrer drängendsten Bedürfnisse verspürt (für ihn sehr demütigende, beschämende, schmachvolle Bedürfnisse). Er leugnet vor sich *selbst*, daß er sie verspürt, und offenbar macht es ihm Spaß, jeden zu tadeln, der solche Bedürfnisse in sich nicht leugnet.

Er begreift gar nicht, daß Männer, die der elementarsten Formen des Glücks beraubt sind, das Glück immer in anderen Formen finden werden. Glück ist ein wichtiges Bedürfnis: ein für das menschliche Leben ebenso grundlegendes und unumgängliches Bedürfnis wie der Schlaf.

Solange er zu einem Volk gehört, das Glück nur in dem finden kann, was Menschen in anderen Teilen der Welt *Laster* nennen, *muß* er doch das Bedürfnis haben, diesen Lastern zu frönen.

Es gibt mehrere Fluchtwege, die da hinausführen. Es gibt den Wahnsinn (ich meine den torkelnden, sabbernden Wahnsinn). Es gibt den Selbstmord. Es gibt die Koexistenz, und damit meine ich, ein *Werkzeug* derer zu werden, die uns im Gefängnis regieren.

Auf keinem dieser Wege kommt man mit heiler Haut davon. Alle wurzeln in der Angst vor sich selbst, in der Ungewißheit seiner selbst.

Ich sagte einmal zu ihm: »Du kannst nicht als kommunistischer Revolutionär mit deinem saubergewaschenen Hintern in einem peruanischen *bohio* aufkreuzen und die leibeigenen Bauern kritisieren, weil sie das Kokain aus Kokablättern rauskauen, und ihnen befehlen, als erstes mit dem Kokainessen aufzuhören und ihre Gesundheit nicht zu versauen, weil sie sich erst dann für die Revolution organisieren können.«

Es ist eine der wenigen Formen des Glücks, die ihnen *zugänglich* ist. Solche Dinge fordern heißt fordern, sie sollten sich mit ihren Unterdrückern, ihren Herren verbünden – die *dasselbe* fordern.

... Ich fing vor langer Zeit im Gefängnis an, Heroin zu nehmen. Ich hatte gerade drei Jahre im Loch abgebrummt, in Einzelhaft. Ich kam raus wie Haut und Knochen, ein nervöses Wrack (die übliche Wirkung). Meine Freunde schickten mir als Geschenk einen Knaben in die Zelle. Er stand auf mich und wollte unbedingt. Ich ließ ihn abfahren und schickte ihn weg und setzte mir einen Schuß. Ich nehme an, ich brauchte es aus emotionalen Gründen. Wir alle brauchen emotionale Sicherheit. Es ist die einzige Art und Weise, wie ich sie mir verschaffen kann, also tue ich es. Es ist praktisch, und die meisten Häftlinge mit langen Strafen nehmen *deshalb* H. Es ist therapeutisch.

... Es gibt eine Marihuanasorte, die sehr gut, sehr wirksam und teuer ist. Es sind die Blätter einer sexuell frustrierten Kannabispflanze. Man pflanzt eine weibliche Kannabispflanze zwischen männliche Pflanzen, umgibt sie mit männlichen Pflanzen. Man steckt Nadeln so in ihre Stengel, daß die Samen an den Stielen aufgehalten werden und nicht von den männlichen Pflanzen befruchtet werden können. Sie fängt an zu zittern und zu leiden.

Angeblich windet diese Pflanze sich nach ein paar Wochen vor Schmerz. Angeblich kann man abends, nach Sonnenuntergang, sehen, daß sie sich richtig bewegt. Sie zieht die Blätter ein, als wolle sie sich wärmesuchend in ihre eigenen Arme kuscheln. Die Vorstellung von Tragik im Pflanzenleben stammt vom Menschen.

Überall, wo ich Leid sehe, sehe ich auch jemanden, dem die Früchte des Leids Lust bereiten.

... Manche werden nachlässig und ignorant; manche stumpfen ab und werden wie tot; manche werden hinterhältig und paranoid – wenn sie sich im Gefängnis auf Drogen einlassen. Ich werde zum Philosophen. Das ist mir erst kürzlich klargeworden. Wenn ich allein in meiner Zelle auf einer narkotischen Woge dahintreibe, fange ich an, über philosophische Dinge nachzudenken, und dann gewinnt alles eine solche Klarheit, daß es beinahe wie ein Satori-Erlebnis ist.

Heute legte ich mir einen Notizblock neben das Bett, nahm Hasch (nach Benzedrin) und schrieb alles auf, was mir von meinen Einfällen wichtig erschien. Es ist bruchstückhaft und kohärent zugleich.

Ich entdeckte, daß es nur einen *relativen* Unterschied zwischen Wirklichkeit und Erscheinung gibt; das eine hat keinen größeren immanenten Wert als das andere. Ich brachte diesen Gedankengang mit anderen Dingen in Beziehung, und hier sind meine Notizen, ungekürzt:

Das Innere kann eine Veränderung des Äußeren bewirken. *Umgekehrt:* Es sieht so aus, als fänden wir den äußeren Schein der Dinge stets weniger wertvoll als die »Wirklichkeit« der Dinge. Warum?

Männer wie ich berechnen den Wert nicht. Deshalb gelingt es uns nicht, knickerig zu sein, gelingt es uns nicht, andere übers Ohr zu hauen, wenn wir Werte mit ihnen austauschen.

Statt den Wert zu berechnen, *zu bestimmen, was etwas kostet,* folgen wir einer Art angeborenem Reflex, der uns verbietet, einen Preis festzulegen. Dann scheint es so, als hätten wir keine Werte, aber in Wahrheit haben wir *keinen Preis*. Das ist ein Unterschied.

Doch, wie ich oben schon sagte, was ist mehr »wert« als das andere?

Preis und Wert. Das eine ist nicht »moralischer« oder wirklicher als das andere. Es ist ein Teufelskreis, etwas, das, etwas anderes verfolgend, sich selbst in den Schwanz beißt.

Nach der Abschaffung der Negation wird es keinen Widerspruch zwischen Dingen wie »Preis und Wert« geben. Es wird die Dinge geben, nicht aber die Widersprüche. Wie sonderbar. Es ist eine höhere Stufe in der Evolution unserer Spezies; eine Stufe über dem Homo sapiens. Es ist der Marxismus.

Es ist, als *zersetzte* ich alles auf dieser Welt. Alles. Sogar meine Freuden. Selbst wenn ich so glücklich bin, daß ich mir wünsche, der Augenblick solle ewig dauern, habe ich irgendwie Lust zuzusehen, wie er vorübergeht. Ich zersetze sogar mein größtes Glück.

Die Vorstellung einer spirituellen Existenz in irgendeiner Form bereitet mir Pein, Verzweiflung. Der Marxismus ist mein Trost. Das ist es, was normale Leute in den Lehren des Kommunismus, Marxismus spüren. Das ist es, was sie mit den Kräften Satans *identifizieren*.

(Ein Mann ohne augenscheinliche Werte, den die Idee einer spirituellen Existenz bis aufs Blut quält.)

Männer wie ich haben den Tod Gottes schon im Auge, ehe Gott ersonnen ist. Und wir können Gott aus der Welt vertreiben, und auch das kann jedermann im Marxismus »spüren«.

Partei ergreifen: Kommunisten und Marxismus

Die längste Zeit meines bewußten Lebens verband sich im Lauf der Jahre immer mehr mit einer politischen Sicht der Dinge. Das ist eines der zwangsläufigen Ergebnisse des Leidens im Gefängnis – ob das eine »richtige« oder »falsche« Überlegung ist, spielt keine Rolle. Es ist ich. Es sind wir alle in meinen Stiefeln.

... *Propaganda* ist die Wahrheit unter einem bestimmten Gesichtspunkt. Sie definiert die Bedeutung einer Sache unter diesem Gesichtspunkt. Sie ist nicht ganz dasselbe wie *relative* Beurteilung. Wenn man sagt, *des einen Friedenskämpfer ist des anderen Terrorist*, versteht man, was Propaganda ist.

Das *Gegenteil* von Propaganda ist *Unaufrichtigkeit*. Wenn ich sage, daß etwas passiert *sei*, das gar nicht passiert ist, *lüge* ich. Ich betreibe keine Propaganda.

Das Christentum der römisch-katholischen Kirche: Im Vatikan gab es eine Behörde, die *Officium Propaganda Fides* hieß. Sie hatte die Aufgabe, Geistlichen und Funktionären der Kirche beizubringen, wie man Ereignisse unter dem Gesichtspunkt der christlichen religiösen Glaubenssätze interpretiert. Sie wurde nicht eingerichtet, um *Lügen* zu verbreiten, sondern eine *Sicht* der Welt.

Unter einem bestimmten Gesichtspunkt wird alles Schlimme, das Männern im Gefängnis zustößt, natürlich von ihnen selbst herbeigeführt. Das ist *Propaganda*.

Von meinem Standpunkt aus bringt kein Gefangener dieses Unheil selbst über sich – und einer der einfachsten Gründe dafür ist, daß er ein *Gefangener ist und gar nicht die Freiheit hat,* sich irgend etwas anzutun. Wenn er seine Freiheit aber *hätte*, läge einer der Beweise, daß er frei ist, offensichtlich darin, daß er sich nie verletzen, nie Hand an sich legen würde. Auch das ist Propaganda.

Wessen Gesichtspunkt du teilst und unterstützt, liegt bei dir.

Ich habe erlebt, was für Greuel die »blinde Justiz« verüben kann, und ich habe erlebt, wie Gefangene von Gefängnisangestellten physischen Foltern jenseits des normalen Vorstellungsvermögens unterworfen wurden. Das *alles* ist bourgeoises Strafprinzip.

Die Häftlinge mit dem stärksten *Willen* rebellieren. Wenn sie intelligent genug sind, um ein bißchen zu *lesen* und zu begreifen, rehabilitieren sie sich *als Menschen*, nicht durch Religion oder Knaststrafen oder physische Folter oder »Gedanken über die Todesstrafe«, sondern durch das Erfassen des Kommunismus und der damit einhergehenden Disziplin.

Die Regierung erzählt jedem, Kommunismus müsse mit Folter gelehrt werden und fessele und vergifte den Geist der Menschen, nehme ihnen die »Gedankenfreiheit«.

Ich versichere Ihnen, daß kommunistisches Schrifttum *hier* in Amerika in allen Gefängnissen streng verboten war, bis die Linke in der Gesellschaft *Druck* auf die Regierung ausübte.

Ich und andere riskierten schwere Strafen, als wir uns kommunistische Literatur besorgten.

... Kein Mensch kann mir vorwerfen (oder hat mir je vorgeworfen), ich hätte keinen starken Willen. Mein Intelligenzquotient schnellte zwischen 1966 und 1969, im Verlauf von zwei Jahren intensiver Beschäftigung mit den Werken Marx' und Lenins, von 127 auf 138. Das hat niemand anders als ein Gefängnispsychologe nachgewiesen.

... Wenn jemand wissen möchte, weshalb es Häftlinge so sehr zu kommunistischer, subversiver Literatur hinzieht – hier die einfache Antwort: Die kommunistische Presse sagt immer die Wahrheit, wenn sie über Ereignisse im Gefängnis berichtet und Gefängniszustände beschreibt. Ist das so schwer zu verstehen?

Häftlinge kommen aus *Notwendigkeit* mit Kommunisten in Berührung. Sie tun es nur, wenn sie keine andere Wahl haben. Sie können den ganzen Tag an Senatoren, Kongreßabgeordnete, Bürgerrechtsanwälte, die Medien, die Gerichte schreiben und an alle diese Leute und Institutionen appellieren, und man schenkt ihnen nie die geringste Beachtung, meist nicht mal ein verständnisvolles Wort. Und worüber beschweren sie sich? *Folterungen* durch Wärter; *Beweisfälschungen*, um sie wegen Verbrechen im Gefängnis zu überführen, die sie nie begangen haben; mangelnde *medizinische Betreuung*; unberechenbare *Diskriminierung*; die Vernichtung ihrer Post; das Verhören von Freunden und Verwandten außerhalb des Gefängnisses – die Liste ist nicht *endlos*, aber sie ist lang, länger als jede Beschwerdeliste, die Häftlinge in anderen Ländern präsentieren können. Die Kommunisten geben den Häftlingen Anwälte, damit die Gerichte in ihren Schreibstuben *nicht ganz so leicht* Konfetti aus ihren Eingaben machen können. Die Kommunisten erkundigen sich nach Häftlingen und gehen auf die Straße, um die Öffentlichkeit für die Lage der Häftlinge zu interessieren. Die Kommunisten führen Briefkampagnen gegen Regierungen (Einzelstaaten, Städte, Bund usw.), in denen gefordert wird, mit der Gefangenenmißhandlung aufzuhören. Sie tun alles juristisch Mögliche, um zu einer Vollzugsreform beizutragen und die Gefangenen vor Wahnsinn, Selbstverstümmelung und Tod zu bewahren. Sie tun das für *alle* Gefangenen.

Sonst macht niemand einen Finger krumm. Die Liberalen, die Menschenfreunde und der Klerus sind schlimmer als alle anderen. Sie haben »zuviel um die Ohren«; es gibt wenig, was sie tun können, usw. Sie stehen rum und quatschen über ihre Erfahrungen mit Häftlingen; sie bemühen sich, als *Experten* für Häftlinge und »Sprachrohre« der Häftlinge »anerkannt« zu werden. Und nie haben sie auch nur *eine* Reform herbeigeführt oder *einem* im Gefängnis gefolterten Häftling geholfen, weder als Gruppe noch als Einzelperson. Die Kommunisten *benutzen* sie, ihre *Namen*, um hinter den Kulissen die Vollzugsreform zu verwirklichen. Das FBI hat mit seiner diesbezüglichen Vermutung recht – aber alle leugnen es, *aus Eitelkeit*.

Die Kommunisten verhalten sich *immer* so, wie man es von wirklichen Menschen in einer wirklichen Gesellschaft erwarten sollte. Die *Kommunisten*, nicht die Linken.

Wenn ich nicht unter ihren Einfluß geraten wäre, wäre ich wahrscheinlich schon vor langer Zeit aus dem Gefängnis rausgekommen. Aber ich wäre immer wieder zurückgekehrt. Ich wäre ein Dieb oder ein geschwätziger Junkie geworden, der vom Leben nichts anderes kennt als Elend in Freiheit und Unterdrückung im Knast. Warum? Weil die Regierung, der Staat mich seit meiner Kindheit dazu erzogen hat; eben das macht die Anpassung ans Gefängnis aus einem Menschen.

Ich bin immer noch sehr unwissend, aber ich bin dazu fähig, mich zu erneuern. Meine wichtigste Lektion lautet: in extremen Situationen werde ich alles und jeden verraten. Alles außer meiner Überzeugung, und ich weiß, bloße »Freundschaft«, bloßes »Blut« ist nur ein Gefühl. Jede meiner eventuellen Beziehungen, alles, was auf einem Gefühl beruht, läuft Gefahr, von mir verraten zu werden. Ich tue es *nie* leichten Herzens; nichts ist schmerzhafter für mich, als ein Gefühl in mir oder anderen zu verraten, und ich habe es erst ein- oder zweimal in meinem Leben getan, doch in meinem Herzen habe ich es millionenmal getan. Heute betrachte ich es als Schwäche, irgendwelchen Gefühlen treu zu sein. Auf diese Weise bin ich meinem Herzen, meiner »menschlichen Schwäche« treu.

Ich habe Partei ergriffen und habe dabei gewonnen. Ich habe gelernt, *immer* Partei zu ergreifen und die andere Partei so unbarmherzig wie möglich zu attackieren.

Das ist vielleicht etwas, das ein Castro leicht verstehen könnte, ein Sartre aber niemals zu fassen imstande war.

Als Dostojewski darauf hinwies, daß wir keine allgemeinen Menschen, keine abstrakten Menschen, nicht der ideale »Mensch« seien, implizierte er damit nicht etwa das Gegenteil: daß wir alle erbärmlich, sinnlich, schwach, mies usw. seien. Er meinte, daß wir, die »Miesen« (wie ich), Schwachen, Sinnlichen, Erbärmlichen usw., *allesamt* fähig seien, für eine gerechte Sache, eine »schöne Idee«, ein *Prinzip* zu sterben. Kurz, daß wir *alle* – und nicht allein die »adligen Klassen« – Ehrgefühl besäßen.

Er meinte, das menschliche Herz sei keineswegs eine menschliche Schwäche. Ganz im Gegenteil. Nichts, was das menschliche Herz bewege, sei absurd, weil das Absurde im Grunde ein Widerspruch sei und das Herz, wenn man so will, Partei ergreife, einen Terminus gegen einen anderen verteidige. Ein unlösbarer Widerspruch ist ein *Paradoxon*. Ein Paradoxon kitzelt das menschliche Herz, belastet es nicht mit der Verzweiflung der absurden, sinnlosen Existenz. Das Problem bei Sartre und Camus und ihresgleichen liegt zur Hälfte darin, daß die Bourgeoisie zwar nicht ihren Bauch vergessen hat, wohl aber, wie man von Herzen lacht. Das ist noch etwas, das ein Castro verstehen kann, nicht aber ein Sartre.

... Wenn ein Mann einen Standpunkt einnimmt, der dem eines anderen entgegengesetzt ist, und sich weigert, darüber zu diskutieren, weil er meint, die Wahrheit seines Standpunkts beruhe auf einem Gefühl seines Herzens, das der andere nicht teile, hat er eine *antimenschliche* Position bezogen, eine Position gegen die Menschheit. Das Ziel der Menschheit ist nämlich ein allgemeines (soziales) Einverständnis. Jeder Narr kann sehen, daß das richtig ist, denn wir sind soziale Lebewesen.

In Wahrheit können nur Gleiche zu einem Einverständnis gelangen. Solange die Klassen nicht gleich sind, sind die Menschen nicht gleich, und ich kann nicht mit den Feinden meiner Klasse übereinstimmen – besonders da diese Feinde über unser Leben und unseren Tod entscheiden. Ein Mann, der nicht damit »einverstanden« ist, daß ihm ein anderer das Leben nimmt, ist nicht in der Lage, dieses »Nicht-einverstanden-Sein« auf Worte zu beschränken. Wenn Taten dies beseitigen können, sind sie genauso wertvoll wie Worte.

Gefühl ist nicht die Quelle der menschlichen Schwäche – wenn es heute auch ihr Werkzeug ist.

Manche (zum Beispiel Spinoza) sagen: Liebe ist jene gewisse Schwäche, aber wenn ich vom menschlichen Herzen spreche, spreche ich von etwas, das mit Liebe getränkt ist.

Heute denke ich, menschliche Schwäche entspringt sozialen Trennungen. Heute denke ich, menschliche Schwäche wurzelt in der Tatsache, daß die Evolution der menschlichen Natur noch sehr unvollständig ist.

Kurzum, menschliche Schwäche existiert schon allein deshalb, weil niemand vollkommen ist, weil keine Gesellschaft vollkommen ist. Aber das Wissen darum entbindet den Menschen nicht der Pflicht, Partei zu ergreifen. Nur die Unwissenheit befreit ihn davon.

Sich bewußt sein, daß niemand vollkommen ist, heißt das Wesen einer Unvollkommenheit intuitiv erfassen, mit dem Herzen begreifen und sich ihr widersetzen. Das nennt man: *Engagement*.

RICHTIG enthält dialektisch FALSCH. Die Wahrheit dieser Behauptung kann jedermann mit seinem Herzen fühlen. Das menschliche Herz wird geradezu betrogen, wenn es nicht seine Integrität wahrt, indem es sich gegen das FALSCHE stellt, es um die ganze Welt verfolgt und, wenn nötig, in den Staub tritt.

Deshalb erlaubte Castro den Prostituierten, sich zu organisieren (ihre Kräfte gewerkschaftlich zu sammeln), statt die Prostitution in Havanna »abzuschaffen«. Er drängte sie nicht in den Untergrund. Sartre verstand das nicht richtig. Deshalb schaffte Lenins Partei jene (von Menschen gemachten) Gesetze ab, die Sodomie zu einem Verbrechen stempelten, als die Bolschewiken in der Oktoberrevolution die Macht in Rußland übernahmen. Kein Gesetz der Menschheit, das Menschen abschafft, ist gerecht. Die »höheren« Gesetze sind die materiellen Prinzipien, die das Universum und die Gesellschaften der Menschen regieren, egal was die Menschen dazu sagen. Es gäbe keine Prostitution und keine Sodomie, wenn sie nicht notwendig wären, und neun Zehntel der Bedürfnisse, die die Menschen in einer reaktionären Gesellschaft haben, sind durch unnatürliche Bedingungen des sozialen Miteinanders bedingt.

Die Kommunisten sind näher daran, all die »Rätsel« der Menschheit zu lösen, als sämtliche Wissenschaftler oder Philosophen der Vergangenheit und Gegenwart zusammen.

Ich will nicht prahlen, wenn ich das sage. Es ist keine »Theorie«, sondern eine nachweisbare Tatsache. Ich habe nicht eines Tages plötzlich gesagt: »Scheiß auf die ganze Welt! Ab heute bin ich *Kommunist*!«

Ehrlich gesagt, das Wort jagte mir eine Sterbensangst ein, und ich versuchte auf jede erdenkliche Weise, dieses »schändliche« Etikett zu vermeiden.

Mit Philosophie befaßte ich mich nicht wie ein nüchterner Wissenschaftler, nicht wie ein Schüler oder ein Gelehrter, sondern weil mein Leben davon abhing. Ich kämpfte, um mich aus meiner Agonie zu befreien. Wem ging das nicht so? Jedermann hat es irgendwann in seinem Leben getan. Aber meine Agonie dauerte viel länger; mein Leben war weit mehr gefährdet, weil ich gegen die *Zeit* meines Lebens kämpfte, und ich bin eine lange, lange Zeit im Gefängnis gewesen. Mich trieb Unzufriedenheit mit dem Leben selbst, und sie trieb mich weiter als die übrigen.

Ich erreichte mit Hegel und Schopenhauer einen vorläufigen Gipfel und krebste mit Nietzsche und Kierkegaard im Rückwärtsgang. Aber mit Karl Marx und Friedrich Engels kam ich auf eine höhere Stufe. Jeder Fortschritt, den der Marxismus seitdem machte, hat mich noch weiter gebracht; Lenin, Stalin und Mao lehren die höchsten Prinzipien der menschlichen Gesellschaft.

Nietzsche fühlte den Atem der Kommunisten, als er von den Philosophen der Tat schrieb, von den Philosophen der Zukunft, die nach ihm kommen würden, zum Beispiel Kierkegaard, der den Tod des Glaubens und die Geburt der individuellen Verantwortung und des individuellen Engagements sah. Die Sache als solche wird durch die *Tat* kenntlich.

Marx machte Schluß mit der Philosophie, mit philosophischen Studien, wie wir sie von alters her kennen. Er hat den Philosophen die Werkzeuge gegeben, die Welt zu ändern, und ipso facto einen Menschen geschaffen, der philosophische Probleme auf eine neue Art angeht.

... Im wesentlichen zeigte Marx mit den Mitteln der Philosophie, daß der Staat seine Daseinsberechtigung nicht etwa Gott, sondern einer herrschenden Klasse verdankt. Alle Rechte, die der Bürger in einer bourgeoisen Gesellschaft hat, werden vom Staat, von bourgeoisen Belangen diktiert. Diese Rechte untermauern nicht die Existenz des einzelnen Bürgers, sondern die der Bourgeoisie.

Was nützt ein Mann in der amerikanischen Gesellschaft dem anderen? Er ist Gegenstand der Ausbeutung. Ob es dabei um seine Fertigkeiten, sein Wissen, seine Kooperation, sein Kapital oder seine Arbeitskraft geht, macht keinen Unterschied. Männer kerkern einander nicht allein im konkreten Sinn, sondern auch in einem sehr abstrakten und geistigen Sinn ein. Wegen eben der Qualitäten, die man in einem Mann sucht, ist dieser Mann ursprünglich ein *Hindernis* für andere Männer. In unserer Männergesellschaft ist letztlich der MANN selbst ein unüberwindliches Hindernis für andere Männer – und nicht die FRAU, die keine entscheidende Rolle spielt.

Die Tragödie der Männergesellschaft liegt darin, daß sie den MANN nie beherrschen kann. Männer können nie als Männer Erfüllung finden, weil jeder Fortschritt der Gesellschaft sie in eben dem Maße weiter von sich selbst entfernt, in dem sie selbst die Eigenschaften aufweisen, die sie in anderen Männern suchen müssen. Deshalb ist noch nie ein Mann aus der amerikanischen Gesellschaft erfüllt, zufrieden aus diesem Leben gegangen.

Der Grund ist, daß er in seinem Leben fast jeden Tag eine Entscheidung zwischen Gut und Böse treffen und das Gute vergewaltigen mußte, um als Mitglied der Gesellschaft zu überleben. Und was ist »gut«, wenn nicht die Eigenschaften Gerechtigkeit, Gleichheit, Wahrheit, Freiheit – alle jene Dinge, die wir als »Ideale« betrachten?

Wie wird diese Tragik aufgelöst? Wie stellen Männer ihre Ganzheit als MÄNNER wieder her? Es geschieht *in einer Farce* – und nicht ohne eine gewisse poetische Gerechtigkeit: Alle romantischen Winkelzüge des Flirts und der sexuellen Liebe zwischen den Männern und Frauen dieser Männergesellschaft, die die Frau ausschließt, werden in Beziehungen zwischen Männern *reproduziert*. Der mächtige und reiche Industriemagnat, der angesehene und mit Ehren überhäufte Senator, der kluge und kultivierte Gelehrte – und auch der normale Familienvater und der Sportsmann – stellen eines Tages fest, daß sie ihrer »heiligen« Willenskraft zum Trotz in Angehörige des eigenen Geschlechts – in den anderen Mann – vernarrt sind.

Ob es zum sexuellen Vollzug kommt, spielt keine Rolle – die *Verstrickung* bleibt. Sie kann im Wettstreit um eine Frau zu Tage treten; sie kann sich in fast jedem Akt persönlicher Gewalt zeigen, vor allem in der psychologischen Gewalt, die gegen den Geist geübt wird.

Und alle Zivilisationen, die in Schutt und Asche fallen, haben ein historisches *Symptom* gemeinsam: das Bild der farcenhaften Erfüllung des MANNES, der sich in verzehrender sexueller Liebe selbst umarmt.

... Ich verbrachte ein Leben zusammengepfercht mit anderen, wie Sardinen. Das *Auffälligste*, das ich registriere, ist die Leichtigkeit, mit der Leute geändert werden können. Furcht und Unwissenheit sind die geistigen Schwächen, die Zugang zu Menschen verschaffen. Beide sind eigenständig; sie sind in *keiner Hinsicht* miteinander identisch. Worte lehren nichts als ein Vokabular – sie richten sich, anders ausgedrückt, nur auf diese oder jene Weise an die Vorstellungskraft. Sie sollten dazu dienen, zu handeln und nicht Luftschlösser zu errichten. Menschen beginnen erst dann, wirklich zu denken und sich zum Besseren zu ändern, wenn sie gezwungen werden, *Dinge zu erfahren,* egal ob gute oder böse Dinge. Nur so entwickeln sie sich weiter.

Andernfalls wäre das Leben fade, ohne Überraschungen, uninteressant. Wir wären alle gleich. Reform ist nur Wort; Revolution ist *Tat*.

Eine Revolution ist die befreiendste, die ruhmreichste Erfahrung, die ein Mensch machen kann. Sie ist eine Zeit, in der eine neue Welt entsteht, in der Männer und Frauen ihr Schicksal selbst in der Hand haben.

... Für mich heißt Leben Veränderung. Das ist grundlegend für den Marxismus. Ich wiederhole, ich versuche nicht, Sie zu bekehren. Sie sind viel klüger als ich. Klugheit ist für mich noch ein Stern in einer Lichtjahre entfernten Milchstraße. Sie beleidigen mich, wenn Sie stillschweigend annehmen, ich hätte so viele Vorurteile, daß ich mit niemandem ein Gespräch führen könnte.

... Die Leute sagen nichts als blutleere, *schwache* Dinge. Manche behandelten mich, als gehörte ich einer *Verschwörung* an, und sagten: »*Gewalt zeugt Gewalt*« – als ob das alles wäre.

Ich erwiderte, Revolutionen fänden jenseits des menschlichen Willens statt. Sie seien keine Verschwörungen von Experten. Es spiele keine Rolle, wie man persönlich zu Gewalt stehe. Sie reden, als beginne und ende eine Revolution damit, daß Leute »Standpunkte« zu strittigen Fragen beziehen. Eine Revolution ist kein Debattierwettkampf. Man »stimmt« nicht für sie.

Die Maxime *Gewalt zeugt Gewalt* sollte die Zweifel dieser Leute hinsichtlich Gewalt beseitigen. Wenn sie glauben, die amerikanische Regierung, die herrschenden Klassen und ihre Handlanger hätten nicht *immer* Gewalt an den amerikanischen Unterschichten und schwächeren Nationalitäten geübt, leben sie in der Isolation eines Traums.

... Es ist nichts Merkwürdiges an der Tatsache, daß eine gewalttätige Regierung, eine gewalttätige Klasse die Gewalt *zeugt*, die sie eines Tages mit Gewalt in die Knie zwingen wird.

... Ich verstehe die Frage, die sich stellt, wenn die Leute erklären, man könne sich offenbar ohne Gewalt ändern – ohne die wahre Kraft der sozialen Revolution zu erfahren.

Abgesehen von der Tatsache, daß die Erfahrung der sozialen Revolution ein Lieblingswunsch fast aller Benachteiligten dieser Welt ist – und *mitnichten etwas Schreckliches* –, würde ich unter Umständen einräumen, daß sie für die Feinde dieser Benachteiligten eine »schlechte Erfahrung« ist.

Die Feinde – das sind vor allem die politisch Liberalen und der Klerus – sagen: *»Schon im Schädel eines einzigen Menschen kann furchtbar viel Gewalt und Elend stecken.«* Ich bin es nicht gewohnt, so zu reden, aber dies ist einer der wenigen Fälle, wo ich mit Recht sagen kann, daß derartige Vorstellungen »kurios« sind.

Ich kenne weiß Gott alles, was »im Schädel des einzelnen« stecken kann – aber lassen Sie mich nur dies eine sagen. Manche leiden unter *sich selbst*, und manche leiden unter *anderen*. Es gibt da einen *enormen* Unterschied. Die erste Art zu leiden ist *unberechtigt*. Das heißt keineswegs, es sei kein *echtes* Leiden – das Leiden eines Hamlet. Es ist unberechtigt, weil es das Leiden anderer im Grunde *ignoriert*. Egoismus ist eine echte Form des Leidens. Historisch war es immer eine Krankheit der unterdrückenden Klassen, der herrschenden Klassen. Niemand anders kann sie bekommen.

Worte erzürnen mich nicht. Meine Überzeugungen sind »steril«? – Sie *müssen* es sein, weil mein *Leben* steril ist. Ich bin nie wankend geworden in meinem Glauben an Dinge wie Gewalt, und Ihr Freund X ist in der Tat ein »kultivierter Marxist« – ein total anderer Marxist als ich –, wenn er nicht einsieht, daß der Marxismus-Leninismus gewalttätigen Konflikt predigt. Wenn ein Ausdruck den *aktiven Marxismus in der kapitalistischen Gesellschaft* charakterisieren kann, dann gewalttätiger Konflikt. Ich mag ihn nicht und habe nie gesagt, daß ich ihn mag. Er ist jedoch ein Faktum unserer Gesellschaft (und, meine ich, nicht des »menschlichen Verhaltens«, wie Sie erklärten).

. . . Die lächerlichen Dinge, die mir am besten gefallen, sind die »Kritiken« des 18. und 19. Jahrhunderts, die von

Kant entwickelte und in revolutionären Schriften verfeinerte *kritische* Methode. Marx beherrschte sie meisterhaft. Die Fähigkeit, Verachtung für etwas zu zeigen, ist mit der Fähigkeit zu lehren verbunden. Man kann nicht lehren, indem man eine Sache auf die leichte Schulter nimmt, indem man nur an ihrer Oberfläche kratzt – indem man sie mit *Humor* angeht. Menschen *dulden* Dinge, die sie amüsieren, selbst wenn sie ihnen nicht »passen«. Niemand duldet jedoch das, was er verachtet. Auf dieser Welt gibt es Dinge, die man so sehen muß, wie sie sind. Das schafft man nicht, indem man sich über sie *amüsiert*; man schafft es mit *Verachtung*.

Was zu Recht verdient, mit Humor betrachtet zu werden, sind Unterschiede, die tatsächlich vergänglich oder oberflächlich sind. Wenn man aber über die Unterschiede zwischen – beispielsweise – der Arbeiterklasse und der Bourgeoisie lacht, als wären sie nur oberflächliche Unterschiede, lügt man. Diese Unterschiede reichen *schmerzlich* tief.

Die Qual eines bourgeoisen Lebens (welche Krawatte binde ich zur Party um) und die Qual eines proletarischen Lebens (keine Schuhe für die Kinder) unterscheiden sich nicht nur *oberflächlich*. Sie sind nicht gleichwertig.

... Als ich einmal ungefähr zwei Jahre im Loch abriß, bekam ich Briefe von einer etwa vierzigjährigen Frau, die mir schrieb, weil ein paar Leute von der Bewegung die Öffentlichkeit gebeten hatten, zu schreiben und Anteilnahme zu äußern, denn – so die Idee – wenn die Gefängnisbehörde wüßte, daß es draußen Leute gebe, die sich um mich kümmerten, würde man mir nicht mehr nach *jedem* Essen die Schlägertruppe auf den Hals hetzen, damals im Psychotrakt in Springfield. Diese Taktik hatte alles in allem Erfolg. Wir wurden Freunde, und ich schrieb ihr viel. Ich hatte in jener Zelle nichts als meine Eier, aber wenn ich ein paar Dollar gehabt hätte, hätte ich im Gefängnisladen etwas bestellen können. Ich hatte keine Zahnpasta, geschweige denn Kaffee oder Zigaretten. Einmal bat ich sie (sie beendete ihre Briefe, *zwei in der Woche*, dauernd mit »Sagen Sie mir bitte ganz offen, wenn Sie etwas brauchen«), mir ein paar Dollar zu schicken, und ich *zählte genau auf*, was ich an grundlegenden Dingen benötigte. Sie schrieb mir einen hoheitsvollen Brief (ich lag in einer Strafzelle und war so ausgeflippt, daß mich schon der Anblick eines farbigen Stoffetzens euphorisch machte), ich hätte sie doch sehr überrascht und sie habe etwas gegen »Materialisten«. Sie sagte, sie hätte gedacht, ich stünde über »materiellen Dingen«.

Panisch vor Angst, im Stich gelassen zu werden, schrieb ich umgehend zurück und entschuldigte mich. Sie schrieb ihre Briefe auf teurem, parfümiertem Papier und schickte sie in parfümierten Umschlägen und berichtete von den Problemen, die sie hatte, um als Schauspielerin beim Fernsehen anzukommen, und sie sagte (ich schwöre bei Gott, es ist *nicht* gelogen), sie habe »nur einen« Nerzmantel, den sie über alles liebe!

Wenn es einem so dreckig geht, daß man sich an jeden von da draußen klammert, ist man praktisch am Ende – so scheint es jedenfalls. Aber es gibt kein richtiges »Ende«; er ist endlos, dieser Abgrund der »zehntausend Dinge«, in den man eine Ewigkeit stürzen würde, wenn man sich nicht an einem Ding, wie schleimig es auch sein mag, festhält.

Ich *bin* intellektuell intakt, stabil. Aber wenn es um mich persönlich geht, wenn meine Situation, meine subjektive Seite betroffen ist, kann ich auf Schmerzen reagieren wie eine Klapperschlange. Niemand läßt sich gern weh tun, verletzen, all das ist schmerzhaft. Alle diese Dinge sind schäbige, alltägliche Dinge, die jeder in einer zivilisierten Gesellschaft als selbstverständlich voraussetzt, aber ich besitze sie nicht. In mir brennt fortwährend Zorn, ein Zorn, dessen ich mir nicht einmal bewußt bin.

Und es ist sogar schmerzhaft, mit Ihnen darüber zu sprechen, weil Sie diese Erfahrung unmöglich kennen können, denn sie geht mir unglaublich nahe; dieses Gefühl ist so demütigend, auf so besondere Weise verletzend, daß ich glaube, man muß es selbst erlitten haben, um erfassen zu können, was es wirklich heißt.

Es ist, als ob ein ganz vernünftiger und ruhiger Mensch, einer von der freundlichen Sorte, eines Tages wegen einer Sache, die man im Grunde genommen für völlig lächerlich hält (vielleicht weil man ihn unabsichtlich ein bißchen gekränkt hat), aus heiterem Himmel wütend auf einen losgeht.

Ich weiß, wie es ist, wenn man ein *natürlicher* Asket, ein *natürlicher* Spartaner ist und sich in dieser Askese, dieser spartanischen Haltung wohl fühlt. Und daß sich da jemand – diese Frau, die in Tränen ausbrechen und um Mitleid heischen würde, wenn sie eine Mahlzeit verpassen müßte – über meinen »Materialismus«, meinen »krassen Egoismus« mokiert – es gibt in meinen Augen keine größere Beleidigung als diese Vorwürfe. Aber wie ich schon sagte, wir müssen uns alle an irgend etwas festhalten, egal wie winzig es ist, um den Sturz in den Abgrund der »zehntausend Dinge« zu unterbrechen (ich weiß, ich spreche wie ein chinesischer Philosoph, aber ich habe gerade *Das Geheimnis der goldenen Blume* – von C. G. Jung und Richard Wilhelm – angefangen).

... Mit diesen schäbigen Begierden, die die bourgeoise Gesellschaft meinem Fleisch, meinem sinnlichen Wesen wie einen Stempel aufgedrückt hat, kann ich niemals glücklich sein.

Das Seltsame an all dem ist, daß die Gesellschaft mir die *Erfahrung* verweigert hat, die sie genießt (oder zu genießen meint). Das Seltsame liegt in der Tatsache, daß ich nicht aus Erfahrung wissen *kann*, was ich verpaßt habe – warum bin ich also nicht glücklich?

Man hat mir die Gesellschaft *anderer* verweigert: so einfach ist das.

... Zuletzt sagten Sie mir, ich betrachtete alles vom marxistisch-leninistischen Standpunkt aus, und diese Ideen hätten das zäheste Leben. Nicht wirklich. Es kommt darauf an, wer diesen Standpunkt hat. Sie sagten, Sie zögen Ideen vor, »die zart und feingesponnen sind, die sich täglich bewähren und täglich unter den schwierigsten Bedingungen neu entwickelt werden müssen«.

Ich denke, daß Sie das Wissen um die »schwierigsten Bedingungen« vielleicht unterschätzen und sich noch jetzt alle Mühe geben, mich und meine Lage zu unterschätzen. Die zartesten und feingesponnensten Ideen sind doch jene, die die Tatsache widerspiegeln, daß es in den Menschen eine abgeschlossene Zone gibt, die *niemand* betreten und besudeln kann: ein Herz voll menschlicher Zärtlichkeit, so stark, so leidensfähig und gütig, in sich gefestigt und *belastbar*, was menschliche Reaktionen – Liebe – angeht, daß keine Macht der Welt es jemals besiegen kann. Es ist die Idee von der Seele – und ihrer gibt es viele; sie sind von Anfang an »zart und feingesponnen und müssen sich täglich bewähren und täglich unter den schwierigsten Bedingungen neu entwickelt werden«.

Ich brauche Schönheit wie die Luft zum Atmen. Können Sie sich vorstellen, daß ich jene kostbaren Offenbarungen, jene Ideen, von denen Sie reden, im Loch nicht auf dieselbe Weise habe wie Sie? Ich weiß, wie vergänglich Schönheit ist, aber ich habe auch erfahren, wie ewig sie im menschlichen Herzen ist. Mir ist nur eben eingefallen, wie gern ich glauben würde, ich hätte ein wenig von dieser Schönheit für mich selbst eingefangen.

Gewalt in Amerika – Gerechtigkeit in Amerika: Die Justiz

In Amerika waren Massenmörder, Hochstapler, Killer aller Schattierungen schon immer Stars. Amerika kultiviert die Gewalt in allem, was es hervorbringt, sogar in Menschen – den Menschen, die von seiner umfassenden, komplizierten Administration hervorgebracht werden. *Das Lied vom Henker* sollte Amerika einen Spiegel vorhalten; sollte Amerikanern sagen, wenn sie Gary Gilmores Geschichte amüsiere, wenn sie sich an der Gewalt aufgeilten, die Gilmore angetan wurde (und an der, die Gilmore selbst verübte), dann sollten sie immer auf diese Gewalt gefaßt sein, immer eine Pistole oder einen Bullen in Reichweite haben, weil all das wieder und wieder passieren wird, solange das traditionelle amerikanische System der Gewalt über der Vernunft steht.

Wenn Amerikaner über sinnlose Morde und extrem brutale Verbrechen entsetzt sind, so ist das genauso, wie wenn eine alte ausgeleierte Prostituierte sich über vorehelichen Geschlechtsverkehr entrüstet. Sagen Sie Amerika das.

Sagen Sie Amerika, solange es in seinen Institutionen – in dem ganzen riesigen Verwaltungsapparat, der in diesem Land eine Tradition ist – die Anwendung von Gewalt erlaube, würden seine Männer und Frauen immer der Gewalt frönen, immer danach trachten, in das Gewand dieser auf Schwindel und Gewalt gegründeten Gesellschaft zu schlüpfen.

Wenn Amerika Zorn empfinden kann, weil meinem Leben und dem Leben zahlloser Männer wie mir Gewalt angetan wurde, dann wird die Gewalt ein Ende haben, aber nicht früher.

Doch was Sie auch sagen mögen, erzählen Sie Amerika bloß nicht, was Europa ihm so gern erzählt: daß es ein reißendes Ungeheuer sei, gezeugt von der Emigration des Abschaums aller Nationen der Alten Welt. Sagen Sie Amerika, es sei ein kriecherischer, korrupter Feigling, denn es sei nicht imstande, habe nie versucht, seinen Willen ohne Gewalt durchzusetzen. Und weil es ein Feigling sei, achte es die Vernunft nicht. Zur Vernunft greift Amerika erst dann, wenn alle anderen Mittel der Überredung versagt haben, wenn es vergeblich versucht hat, einen Mann zu zerstören, erst wenn es zu spät ist.

... Die Amerikaner, die sich gestern schämten, in Vietnam gedient zu haben, sagen jetzt: »Ich habe für mein Land gekämpft.« (!!!??) Sind jetzt stolz darauf, ein Volk von zarten, puppenähnlichen Menschen gefoltert, verstümmelt und halb ausgerottet zu haben, ein Volk, dessen männliche Angehörige im Durchschnitt gerade vierzig Kilo wiegen, gut anderthalb Meter groß sind, sich weitgehend fleischlos ernähren und gewöhnlich jene delikate Form der sexuellen Harmlosigkeit praktizieren, die im Westen »freie Liebe« genannt wird. Stolz darauf, ein freundliches und schönes Volk geschändet zu haben!

... Es ist in Amerika ein beliebter Zeitvertreib, über die Scheußlichkeit der sowjetischen Justiz zu sprechen – aber Amerika ist *schlimmer* als die Sowjetunion! Besonders weil kein Mensch in diesem gottverdammten Land helfen will oder sich einen Scheiß darum kümmert, was mit uns geschieht. *Dies* ist das ungerechteste und repressivste Land der Erde, und ich werde mich nicht mit advokatenhaften Einzelheiten und Vergleichen abgeben. Ich werde nicht nach ihren Regeln »in eigener Sache plädieren«. Ich bin hundertprozentig überzeugt – und ich glaube *nicht*, daß ich in *irgendeinem* Land der Erde größere Ungerechtigkeiten erlitten hätte, als ich sie hier ein Leben lang erlitten habe.

Wenn ich mich irre, beweisen Sie es mir. Was ich nun schon ein Jahrzehnt lang gesagt habe, ist: *Helft uns.* Bringt Gerechtigkeit in diese Gerichtssäle, Gefängnisse, Zuchthäuser.

... Wenn man mich fragte, was die häufigste Ursache für Geistesstörung bei Strafgefangenen sei, würde ich ohne Zögern versichern: Unrecht.

Ich kann es als Maxime ausdrücken: Wer im Gefängnis glaubt, daß er das ihm angetane Unrecht durch einen Appell an die amerikanische Justiz rückgängig machen lassen könne, wird den Verstand verlieren, es sei denn, er gibt auf und *weigert* sich, jemals wieder anzunehmen, es gäbe auch nur eine Unze Gerechtigkeit in irgendeinem amerikanischen Gerichtssaal oder Gefängnis. Das ist nicht in *allen* Ländern so. Ich muß es betonen. Amerika ist *weit* davon entfernt »universell« zu sein.

Wenn ich ein *Tier* besitze, dem ich beigebracht habe, auf Befehl Männchen zu machen und zu betteln, muß ich es, falls es dem Befehl nicht folgt, auf irgendeine Weise bestrafen und es lehren, mir bedingungslos zu gehorchen.

Ich füge ihm Schmerz zu. Das kann ich mit *Entzug* genauso wie mit der Peitsche. Jede andere Art, ihm *bedingungslosen* Gehorsam beizubringen, würde es als eine *Belohnung* für Ungehorsam auffassen. Diese Gewaltanwendung kann human sein. Ich kann nicht das Tier *verwunden* und trotzdem human sein.

Wenn ich Gewalt in einem Ausmaß anwende, das brutal genannt werden kann, möchte ich das Tier zerstören und nicht nur von seinem Ungehorsam abbringen.

Bis hierher kann wohl niemand etwas einzuwenden haben.

Ich habe also dem Tier mittels Belohnungen beigebracht, Männchen zu machen und zu betteln. Wenn es aber irgendwann oder aus irgendeinem Grund nicht gehorcht, nicht Männchen macht und bettelt, kann ich es zu einem Trainer schicken. Wenn ich das tue, sage ich dem Trainer, was das Tier *kann*, aber nicht auf Kommando tut. Ich fordere ihn auf, dem Tier beizubringen, jedesmal Männchen zu machen und zu betteln, wenn ich es ihm befehle.

Wenn ich das nicht mache, wenn ich das Tier einfach zu einer allgemeinen Ausbildung zum Trainer schicke, bringt der Trainer ihm womöglich alles andere bei, als auf meinen Befehl Männchen zu machen und zu betteln.

Das Tier lernt, daß jeder Schmerz, der ihm von dem Wesen zugefügt wird, das es füttert und pflegt, ein Schmerz ist, den es sich selbst zufügt. Wenn es diese »Lektion« vom selbstverschuldeten Schmerz nicht beherzigt, gibt es kein anderes Mittel als die Anwendung brutaler Gewalt, um es zu *zerstören*. Um es zu töten. Es wird sich mit Gewalt verteidigen; es wird wie toll sein, störrisch. Es wird bleiben und kämpfen, oder es wird fliehen. All das wird es tun, wenn es nicht »lernt«, daß sein Schmerz selbstverschuldet ist.

Fragen Sie mich nicht, was das alles mit Gerechtigkeit in Amerika zu tun hat: Es ist *grundlegend* für das amerikanische Rechtssystem.

Die »Ausbildung« eines Gefangenen beginnt im amerikanischen Gerichtssaal. Man befiehlt ihm, den Mund zu halten, es sei denn, er werde gefragt. Man sagt ihm, er sei ein Narr, wenn er versuche, sich selbst zu verteidigen. Man sagt ihm, seine Motivation sei nicht Gegenstand des Verfahrens.

Sein Pflichtverteidiger sagt ihm, welches Gesetz er übertreten habe und wie viele Jahre die Strafe betrage.

Man sagt ihm, wenn er seinen Freund verpfeife und verrate, werde er mildernde Umstände bekommen. Wenn er der einzige ist, dem das Verbrechen zur Last gelegt wird, sagt man ihm, er könne mildernde Umstände bekommen, wenn er dazu beitrage, andere Verbrechen aufzuklären. Man sagt ihm, er könne ja gar nicht auf Unzurechnungsfähig plädieren, weil er wisse, wie spät es sei und welches Datum es sei und daß er in U-Haft sitze. Es spielt keine Rolle, daß er weder lesen noch schreiben kann und weder das Vokabular noch die Prozeduren der rechtsprechenden Gewalt versteht. Es spielt keine Rolle, warum er in einem Laden gestohlen hat – nur daß er gestohlen hat.

Wenn er bei dem Delikt keine Gewalt angewendet hat und wenn er so viel Geld besitzt, daß er einen Ladendiebstahl eigentlich nicht nötig gehabt hätte, wird er mildernde Umstände bekommen, falls dies seine erste Anklage ist. Man wird ihn *nicht* ins Gefängnis stecken.

Man *steckt* ihn aber ins Gefängnis, wenn er nicht so viel Geld hat, daß er ohne Ladendiebstahl hätte leben können! Wenn er arm ist, kommt er ins Gefängnis. Das heißt, wenn er arm ist und sich nicht als ein Polizeispitzel betätigen will (oder kann), der seine Freunde verrät oder die Verbrechen aufklärt, die sie begangen haben mögen.

Wenn sein Verteidiger ihn mag, wird er mit dem Staatsanwalt und dem Richter kungeln, damit die Gefängnisstrafe so niedrig wie möglich ausfällt. Wenn sein Verteidiger ihn nicht mag, wird er sich nicht die Mühe geben. Von den Leuten, die heute in amerikanischen Gefängnissen sitzen, haben sich mehr als fünfundachtzig Prozent bei ihrem Prozeß für schuldig bekannt.

Bei all dem lernt der Häftling nie auch nur einen einzigen sozialen Wert kennen; er lernt nie, was das Gesetz eigentlich bedeutet, er lernt nichts über die Bräuche seiner Gesellschaft, auf denen das Rechtssystem angeblich beruht.

Jedes Recht, das der Häftling hat, wird gegen ihn gekehrt. Wenn er beschließt, sich nicht schuldig zu bekennen, um so eine Geschworenenverhandlung zu erhalten, bekommt er, falls er dann schuldig gesprochen wird, die im Gesetz vorgesehene Höchststrafe, weil er so viele Schereien gemacht hat, weil er jedermanns Zeit »verschwendet« hat. Den Geschworenen wird bedeutet, *nur dann* auf nicht schuldig zu befinden, wenn die Regierung nicht beweisen kann, daß das Verbrechen verübt wurde. Man sagt ihnen, seine Motive seien im wesentlichen *ohne Belang*. Man sagt diesen Geschworenen *nie*, daß sie aus *jedem* Grund auf nicht schuldig befinden können. Sie werden dermaßen *eingeschüchtert*, daß sie glauben, wenn sie anders handelten, würden sie gegen das Gesetz verstoßen. Sie könnten jedoch bereits aus persönlichem Mitgefühl auf nicht schuldig erkennen. Daran können die ausgefeilten und spitzfindigen Argumente aller Anwälte und Rechtswissenschaftler der Welt keinen Deut ändern. Es ist eine Tatsache.

Männer haben sich des Mordes für schuldig bekannt und sind hingerichtet worden, ohne daß ihnen irgend jemand die einfache Frage »Warum?« stellte. Solche Ungerechtigkeiten gibt es heute in keinem anderen Land der Erde. In keinem Land außer Amerika gibt es eine so große Tyrannei.

In diesem Land wird erklärt, die Strafe bestünde in der Verurteilung und Einweisung ins Gefängnis. Der Häftling werde im Gefängnis also nicht *weiter* für das Verbrechen bestraft. Das wäre »doppelte Buße«. So will es das Gesetz – aber ich weiß von zwei schwarzen Männern, die vor zehn Jahren als Jünglinge ins Gefängnis kamen, und der Richter befahl, der Anstaltsleiter solle sie jedes Jahr von Weihnachten bis Neujahr in Einzelhaft stecken – und es wird getan. Das ist der Geist der amerikanischen Justiz.

Der Häftling betritt das Gefängnis. Er wird in einen brutalen Mahlstrom moralischer, seelischer und körperlicher Vernichtung geschleudert.

Die Regierung prahlt gern damit, daß es die Todesstrafe praktisch nicht mehr gebe. Die Regierung prahlt gern damit, in den letzten zwanzig oder fünfundzwanzig Jahren seien nur zwei oder drei von über zweihundert Millionen Menschen hingerichtet worden.

Aber in amerikanischen Gefängnissen werden heute mehr Häftlinge ermordet als in irgendwelchen anderen Gefängnissen der Welt. Jedes Jahr werden rund zehn Prozent der amerikanischen Häftlinge schwer verletzt oder ermordet. Jeder Häftling schwebt ständig in der *unmittelbaren* Gefahr, aus irgendeiner Ecke heraus angegriffen zu werden – und kann noch froh sein, wenn ihn dieser Angriff nicht das Leben kostet.

... Die Verurteilung zu einem Aufenthalt hinter Gittern ist die juristische Strafe. Ein Mann wird für soundsoviel Jahre ins Gefängnis geschickt. Also sitzt er soundsoviel Jahre im Gefängnis, und dann entläßt das Gesetz ihn. Es ist erträglich, weil er das Ende dieser Strafe absehen kann, egal wie unerträglich die Gefängnisbedingungen sein mögen. Er mag ein Auge oder eine Hand zurücklassen, aber er kommt wenigstens raus.

Wenn die juristische Strafe aber von *unbestimmter* Dauer ist, wird er jedesmal, wenn irgendeinem Schwein der Sinn danach steht, neu verurteilt. Jedesmal wenn man ihn diszipliniert, wegen Verstoßes gegen die »Gefängnisvorschriften« – die so launisch wie der Wind sind – bestraft, verurteilt man ihn in Wahrheit vor dem Bewährungsausschuß zu einer neuen Haftstrafe:

Der Bewährungsausschuß ist nicht gezwungen, ihm einen »juristisch fairen Prozeß« zu machen – und dieser wunderbare Rechtsbegriff beinhaltet nicht weniger als eine *Gerechtigkeitsgarantie*.

Wie zählt ein Häftling die Jahre, die er bis zu seiner Entlassung absitzen muß, wenn die Haft kein Ende hat? Wenn es ein Lebenslänglich wäre, hätte es immerhin ein

Ende. Ein Häftling kann unter Umständen damit zurechtkommen, daß er wahrscheinlich im Gefängnis sterben wird – aber aufgrund eines glücklichen Zufalls entlassen werden könnte, ehe sein Leben vorbei ist.

Dabei ist die Beziehung deines Gehirns zur Zeit *ausschlaggebend*. Was soll in deinem Gehirn vorgehen, wenn dein Schicksal so ungewiß gemacht wurde, daß du nicht einmal den nächsten Tag oder die nächste Stunde einkalkulieren kannst?

Der nächste Tag oder die nächste Stunde könnte die (momentane) Grenze aufheben, die das Gericht deiner Haft, deiner Strafe gesetzt hat.

Du kannst jederzeit gegen eine jener kleinlichen und schäbigen Gefängnisvorschriften verstoßen und damit das Gleichgewicht aufheben. Und (was folgenschwerer ist) dein geistiges Gleichgewicht aufheben. Einer der größten Philosophen und Wissenschaftler der Welt sagte einmal, der menschliche Geist sei sich nur deshalb eines Fortschreitens der Zeit bewußt, *weil er zählen kann* (Kant).

Was geschieht, wenn dein Gehirn ein quantitatives Fortschreiten registriert, das du nicht *zeitlich* abmessen kannst – weil du aufgrund von Ereignissen, die so unberechenbar und willkürlich sind, daß nicht einmal ihre Ungewißheit abzuschätzen ist, jeden Augenblick wieder von vorn zu zählen beginnen mußt?

... Von hier bis dort sind es fünf Jahre. Jeder Tag verringert den Abstand zwischen meiner Inhaftierung und meiner Freiheit, die unmittelbar nach jenen fünf Jahren beginnen wird.

Aber bis dahin kann ich an jedem beliebigen Punkt gezwungen werden, aufzuhören und wieder von vorn zu zählen, einmal, viele Male.

Seit fast zwanzig Jahren habe ich viele Male aufhören und wieder von vorn zu zählen beginnen müssen. Und ich sitze *keine* lebenslängliche Strafe ab. Ich habe bloß eine unbestimmte Strafe von maximal neunzehn Jahren – und ich habe jetzt zehn Jahre abgesessen. Das ist freilich nicht alles. Ich bin nun seit achtzehn Jahren im Gefängnis, denn vor meiner Zeit im Bundesvollzug saß ich acht Jahre im staatlichen Vollzug.

Der Bewährungsausschuß geht jedoch hartnäckig davon aus, ich sei erst zehn Jahre im Gefängnis. Er weigert sich, die Realität »anzuerkennen« – weil ich seit Januar 1963 *einmal* frei gewesen bin: Ich *entkam* einmal und lebte sechs Wochen als Flüchtiger, ehe ich wieder in Haft genommen wurde. Warum habe ich so lange Zeit gesessen? Deshalb: Ich erkenne nicht an, daß ich *mich selbst* eingesperrt habe. Andere haben mich eingesperrt; ich bin gegen meinen Willen ins Gefängnis gekommen und werde gegen meinen Willen im Gefängnis festgehalten. Was haben sie sonst für eine Bedeutung, diese Gitter meines Käfigs oder diese Schützen, die rund um die Uhr auf den Türmen an den hohen Mauern um den Käfig Wache halten? Und da betonen sie immer wieder, ich sähe die *Realität* nicht!

Ich muß mich damit abfinden, daß ich auf den Tag genau neunzehn Jahre abzusitzen habe – oder ich muß dem Wahnsinn verfallen. Deshalb kann ich nicht den entnervenden Versprechungen »glauben«, man werde mich wie all die anderen irgendwann laufenlassen, ehe meine Strafe von »unbestimmter« Dauer auf den Tag genau vorbei ist. Der Mensch kann nur dann mit sich selbst in der Hölle leben, wenn er die Hoffnung aufgibt – denn das Gefängnis der christlichen Gesellschaft ist nicht mehr und nicht weniger als die irdische Verkörperung der christlichen Hölle nach dem Tod ...

Im amerikanischen Rechtssystem erleidet jeder, der ins Gefängnis kommt, den *Tod als Bürger*. Amerikanische Juristen lächeln heute darüber und nennen es ein Ding der Vergangenheit. Wenn sie die Nase aus ihren Büchern nehmen und einen Moment lang die »Fakten« und Ereignisse des Gerichtssaals vergessen könnten, würden sie feststellen, daß Häftlinge in allen amerikanischen Gefängnissen als Bürger den Tod erleiden.

Wie das? Es ist so einfach, daß jedes Kind es sich ausrechnen kann. Es gibt kein legales *Beziehungsnetz* zwischen den einzelnen Häftlingen, und *jede soziale* Beziehung zwischen Häftlingen, die nicht unmittelbar von den Schweinen gesteuert wird – »erzwungene« soziale Beziehungen! –, verstößt gegen die Vorschriften. Gilt als Insubordination.

Wenn ein Häftling sich von einem anderen Häftling Geld leiht, verstößt er gegen Vorschriften. Strenge Vorschriften. Wenn ein Häftling eine Schuld eintreibt, bringt er sich in des Teufels Küche.

... Es gab einmal einen Häftling namens Blackie, der bei einer Knastrevolte vier Aufseher als Geiseln nahm und festhielt, bis die Revolte niedergeschlagen war. Bei einem Kampf mit Hunderten bewaffneter Aufseher wurde ein Aufseher erstochen, und viele mußten verletzt ins Krankenhaus.

Es war eine jener Strafanstalten, in denen die Wärter die üble Gewohnheit hatten, aufs Geratewohl über Häftlinge herzufallen. In jenen Tagen kam kein Mensch ins Loch, ohne vorher zusammengeschlagen zu werden. Eines Tages töteten die Wärter einen Gefangenen, und die anderen Gefangenen revoltierten. So fing es an.

Blackie nahm während einer regelrechten Schlacht Geiseln, um sich zu verteidigen. Er forderte, daß Vertreter der Nachrichtenmedien ins Gefängnis kommen sollten, um sich die Beschwerden eines aus drei Männern von jeder Rasse zusammengesetzten Ausschusses anzuhören, und er forderte, daß ich aus dem Loch geholt und in den Ausschuß delegiert würde.

Die überregionalen Medien durften nicht kommen. Statt dessen holte man zwei Journalisten von Kleinstadtblättern. Wir waren zu neunt, und wir brachten unsere Beschwerden bis in die frühen Morgenstunden vor, und Blackie gab die Geiseln unverletzt frei.

Er wurde später in ein kleines Gefängnis verlegt, und niemand sah ihn lebend wieder. Angeblich erhängte er sich mit seinem Hemd am Etagenbett. Aus vielen Gründen glaubte das kein Mensch. Blackie war ungefähr einsfünfundachtzig groß. Er hatte siebzehn Jahre im Gefängnis gesessen und das Leben geliebt, besonders das eigene.

Man ließ keine Obduktion vornehmen; die einzigen Zeugen seines Todes waren Wärter. Sie stellten sogar den Totenschein aus.

Ein junger Assistenzarzt besuchte mich anläßlich irgendeines gerichtlichen Verfahrens in der Stadt und unterhielt sich mit gedämpfter Stimme durch das Gitter im Besuchszimmer des Gefängnisses mit mir.

Er hatte nur Blackies Leichnam im Leichenhaus *gesehen*, aber er erzählte mir, Blackies Kehle habe eine zweieinhalb Zentimeter tiefe Rille aufgewiesen. Dieser Assistenzarzt hatte sich auf Gerichtsmedizin spezialisiert und war ein Experte. Er sagte mir, die Schlinge habe unter mehr als hundert Kilo Zug oder Druck gestanden, und er erklärte mir die Mechanik. Zum Erhängen reicht ein Druck von einem oder zwei Kilo. Das Gewicht des Mannes, der sich erhängt, spielt dabei keine wirkliche Rolle.

Nach dem »Gesetz« dürfen Häftlinge nicht bestattet werden, ohne daß zumindest eine Obduktion vorgenommen wird. Aber Blackie besaß keine Verwandten. Ich versuchte, ihn für eine Obduktion exhumieren zu lassen, und stellte mit Hilfe eines Anwalts einen diesbezüglichen Antrag vor Gericht. Als das Gericht endlich einen Urteilsspruch fällte, befand es, man habe zwar Blackie nicht obduziert, aber ich sei nicht antragsberechtigt, weil ich nicht mit ihm verwandt sei. Ich versuchte, das zu umgehen, indem ich Beweise dafür vorlegte, daß Blackie Schulden bei mir gehabt hätte und sein Tod für mich einen finanziellen Verlust bedeute, den die Regierung tragen müsse, falls sich herausstellen sollte, daß seine Todesursache nicht Selbstmord gewesen sei. Das Gericht befand, kein Strafgefangener könne mit anderen Strafgefangenen in ein schuldnerisches Verhältnis treten.

Wie soll ich ihn aus dem Grab kriegen? Wie soll ich ihm Gerechtigkeit verschaffen?

Solange ich nichts als der Geist eines toten Bürgers bin, kann ich nichts tun ...

Die Vollzugsreform, die zwanzig Jahre – 1960 bis 1980 – dauerte, schaffte es nicht, die *Rechte von Häftlingen* verfassungsmäßig zu verankern. Sie kam nur so weit, Häftlingen die normalen *bürgerlichen Rechte* zu garantieren.

Inzwischen haben sich daraus Folgen ergeben, denen wenige von uns auch nur ins Auge zu sehen wagen.

Als die Reformbewegung begann, brauchte ein Strafgefangener nur einen Brief an einen Richter zu schreiben und um Beistand zu bitten. Die Gerichte besaßen die Einsicht, von vornherein *anzunehmen*, daß zwischen einem Häftling und denen, die ihn im Gefängnis festhielten, ein grundlegender Antagonismus bestehe, und deshalb stellten sie seine Beschwerde nicht außerhalb des Gerichtssaals – a priori – in Frage.

Heute akzeptieren die Gerichte nicht einmal einen Antrag auf Vorführung und Haftprüfung, wenn der Häftling keine Gerichtsgebühr oder eine beglaubigte Armutserklärung beifügt – und um eine eidesstattliche Erklärung abgeben zu können, muß der mittellose Häftling sich an den dafür zuständigen Gefängnisbeamten wenden. Er muß die Einwilligung des Gefängnisses haben, um eine Beschwerde gegen das Gefängnis vorzubringen!

Im Grunde sind die Gerichte nicht nur zu einer Politik des »Finger weg« von Gefängnissen zurückgekehrt, sie meiden auch alle Fragen, die zu einer Auseinandersetzung über die *Rechte von Häftlingen* (im Gegensatz zu den verfassungsmäßigen Bürgerrechten von Einzelpersonen) führen könnten. Deshalb lassen die Gerichte sogar von *Häftlingen* die »Finger weg«.

Man hat uns Polizisten übergeben, die mit uns machen können, was sie wollen. Ich habe nie gehört oder gelesen, daß ein Polizist die Wahrheit über die Lage eines Häftlings gesagt hat, und wenn sich jemand für die Mentalität von Polizisten interessiert, braucht er nur ein bißchen herumzufragen, was ein Faschist ist, ein *politischer Faschist* – dann weiß er, was für Vorstellungen ein Polizist von Patriotismus und Demokratie hat. Polizisten sind, was Häftlinge angeht, das Gesetz. Jede Laune eines geistig zurückgebliebenen Schweins ist heute für einen Häftling Gesetz. Ein Häftling kann ermordet werden, man kann ihm Verbrechen anhängen, die er nie begangen hat, man kann ihn fast zu Tode foltern – und als Erklärung genügt die Aussage eines einzigen Aufsehers, er habe sich gegenüber diesem Häftling nichts zuschulden kommen lassen, eine Aussage, die nicht zu widerlegen ist. Das reicht.

Als ich in Leavenworth saß, befand mich eine Grand Jury in Kansas City, Kansas, bei der Vorverhandlung eines Verbrechens für schuldig, auf das zehn Jahre Gefängnis stehen: Besitz einer gefährlichen Waffe. Wissen Sie, was es war? Ein Kugelschreiber – einer von jenen langen BIC-Kugelschreibern. Die kleine Schreibspitze fehlte, und deshalb befanden sie, ich hätte ihn im Loch manipuliert, um eine gefährliche Waffe daraus zu machen. (Ich habe eine Abschrift des Urteils; wenn Sie mir nicht glauben, schicke ich sie Ihnen gern. Ich kam dann vor einen Friedensrichter, und die BIC-Anklage wurde erst fallengelassen, als man mich in einem anderen Anklagepunkt wegen »verminderter Zurechnungsfähigkeit« freisprach.)

... Das Gesetz hat nie jemanden dafür bestraft, daß er mich verletzte. Wenn ich Gerechtigkeit will, um ein Unrecht an mir zu sühnen, muß ich sie mir schon selbst verschaffen.

Stellen Sie sich nur mal vor, Sie wären in New York in dieser Lage. Sie können keinen Bullen und kein Gesetz zu Hilfe rufen, wenn bei Ihnen eingebrochen wird, wenn Sie in Süd-Manhattan ausgeraubt werden. Die Polizisten kommen in Ihre Wohnung spaziert, schlagen Sie ein bißchen zusammen (wenn nicht mehr), nehmen, was sie haben wollen. Sogar Ihre Frau und Ihre Kinder. Irgend jemand in New York kann Sie wegen irgend etwas anklagen, und Sie werden dafür bestraft, ohne auch nur zu erfahren, wer Ihr Ankläger ist. Sie haben nicht die Möglichkeit, Anzeige bei der Staatsanwaltschaft zu erstatten. Sie können höchstens eine Zivilklage gegen die Stadt einbringen. Man klopft jemandem auf die Finger, und damit hat es sich. »Auf die Finger klopfen« bedeutet nichts. Der Richter sagt: »Na ja, Bürgermeister (Gefängnisdirektor), ich hoffe, so etwas wird nicht wieder vorkommen.« Der Bürgermeister macht sich nicht mal die Mühe, auf die »Ermahnung« zu reagieren. Er steht auf, reckt sich, gähnt und spaziert fort. Alle Gesichter ringsum, sogar das Gesicht des Richters, haben sich zu einem Schmunzeln verzogen. Das ist alles. Das habe ich mein Leben lang erfahren müssen.

Was würden Sie machen? Ich versichere Ihnen, Sie würden ein Feigling werden, der nicht mehr richtig tickt, oder aber das genaue Gegenteil. Wenn Sie das erste werden, werden sich alle freuen und Sie nur sehr dürftig dafür belohnen. Wenn Sie das zweite werden, werden sie Sie bei jeder sich bietenden Gelegenheit weiter kaputtmachen. Sie werden behaupten, Sie seien »verrückt«, ein Psycho usw. Die »Norm« ist unter diesen Umständen der Feigling.

Resozialisiert sein heißt, die Werte der Gesellschaft wieder akzeptieren und wieder nach ihnen leben. Es setzt nicht nur Glauben an die Gesetze und Bräuche der Gesellschaft voraus, sondern auch Glauben an die Mitglieder dieser

Gesellschaft – und *Umsetzung* jener Werte und jenes Glaubens im Umgang mit deinen Mitmenschen.

Jemanden resozialisieren ist ein Prozeß des Lehrens. Für den Mann, der resozialisiert werden soll, ist es ein Prozeß des *Lernens* durch Erfahrung. Er muß wissen, was für Vorteile die Werte seiner Gesellschaft bieten; er muß verstehen, was die Gesetze und Bräuche seiner Gesellschaft bezwecken.

Nur ein Mann, der sozial abnorm ist, schafft es manchmal nicht, in seinem eigenen Interesse zu handeln, besonders dann nicht, wenn der Weg klar und deutlich vor ihm liegt, denn ein sozial Abnormer *kennt* die Werte seiner Gesellschaft und ihre Gesetze und Bräuche.

Das amerikanische Rechtssystem lehrt diese Lektionen, als *wären* seine Schüler sozial Abnorme – als wären sie mit den Werten, Bräuchen und Gesetzen dieser Gesellschaft vertraut. Das spiegelt die auch in Amerika gültige juristische Maxime wider: *Unwissenheit schützt nicht vor Strafe.*

Also geht man davon aus, daß schon eine Resozialisierung erfolgt ist, und die amerikanische Justiz versucht, Männer zu *bestrafen*, die es (*theoretisch*) besser wissen.

Und was bewirkt eine *Strafe*, die auf *Resozialisierung* abzielt? Sie zielt nicht darauf ab, Männer mit Argumenten zu überzeugen – man *setzt voraus*, daß ein Häftling nicht mit Argumenten überzeugt werden kann. Sondern nur mit Gewalt.

... Ein Rechtssystem, das nicht mit *Argumenten* arbeitet, das einem Mann die Unrichtigkeit seines Tuns nicht auf rationale Weise vor Augen führt, erreicht das Gegenteil von Gerechtigkeit: Unterdrückung.

Das Gesetz hat noch nie irgend jemandem in den Gefängnissen dieses Landes die Unrichtigkeit seines Tuns vor Augen geführt. Es ist eine lästige Aufgabe, mit der niemand in der Vollzugsbehörde etwas zu tun haben will.

Also überläßt man sie den Anstaltsleitungen.

Jeder, der im Gefängnis sitzt, hat Verbrechen begangen, könnte Verbrecher genannt werden. Aber das bedeutet nicht, daß jeder, der im Gefängnis sitzt, dorthin *gehört*. Ich würde es so ausdrücken: Es gibt Männer, die zwar zu Recht im Gefängnis sitzen, aber *nicht* dorthin gehören. Und es gibt Männer, die zu Recht im Gefängnis sitzen und dorthin *gehören*. Vielleicht handelt es sich dabei um die überwiegende Mehrheit der Häftlinge. Sie kehren immer wieder dorthin zurück. Ich sah sie kommen und gehen; ich sah, wie sie entlassen wurden und wiederkamen, ich habe selbst miterlebt, wie mindestens eine Gefängnispopulation »umgeschlagen« wurde. Fast jeder von ihnen (*jeder*, den ich gesehen habe) ist erleichtert, wenn er wieder da ist. Sie müssen sich rasieren und duschen; sie sind ausgemergelt und sehen verhungert aus, wenn sie von draußen zurückkommen. *Binnen einer Woche* haben sie rosige Wangen, tragen saubere Klamotten, reden mit jedem. Lachen viel. (Fideler Knastbruder.) Sie passen ins Gefängnis. Sie gehören dorthin. Oder, um barmherziger zu sein – denn wenn Männer in ihrem eigenen Interesse handeln, »gehören« sie nicht wirklich ins Gefängnis –, sage ich besser, daß das Leben im Gefängnis nicht so viele Unwägbarkeiten hat wie das Leben draußen. Es ist nicht etwa so, daß sie Knastbrüder aus *Gewohnheit* sind. Das wäre zu einfach. Für Männer, die dorthin gehören, ist das Gefängnis viel mehr als eine Gewohnheit.

Der springende Punkt ist: Manche Männer – nicht viele, nur die, für die das Gefängnis eine Strafe *ist*, die das Gefängnis Tag für Tag straft – gehören nicht ins Gefängnis.

Ich werde mich nicht damit befassen, *wohin* sie gehören; darum geht es hier nicht. Sie passen einfach nicht ins Gefängnis, sie gehören nicht dorthin. *Ich meine vom Sein her, was nichts mit Gerechtigkeit und dergleichen zu tun hat.*

Zum Glück sitzen diejenigen, die nicht ins Gefängnis gehören, selten lange darin und kommen selten zurück.

Manche von ihnen sitzen jedoch lange, sehr lange im Gefängnis. Für sie wurde das Loch erfunden.

Gefängnisse wurden sicher nicht gebaut, um als Pension, als Landsitz, als eigenständige zivilisierte Kommune zu dienen. Ich will einräumen, daß Gefängnisse der Resozialisierung von Männern dienen können. Es gibt jedoch Männer, die nicht resozialisierungsfähig sind, und diese Männer gehören ins Gefängnis.

Die Gesellschaft verhindert ihre Resozialisierung, nicht das Gefängnis. Resozialisierung ist nämlich etwas, das wir *alle* nötig haben; die Resozialisierung der Gesellschaft selbst ist noch nicht beendet. Das spiegelt sich *auch* in der Tatsache wider, daß so viele Häftlinge nicht resozialisiert werden (nicht im Gefängnis resozialisiert werden).

Wenn die Gesellschaft so unerträglich ist, daß man sich nur im Gefängnis als Mensch fühlen kann, dann ist die Gesellschaft »schuld« an allem.

Außerdem glaube ich, daß einige wenige Menschen fortwährend im Gefängnis resozialisiert werden: sie verdienen es, der Gesellschaft anzugehören, oder sie verdienen es, tot zu sein. Aber sie gehören nicht ins Gefängnis.

... Niemand ist jemals als besserer Mensch aus dem Gefängnis gekommen. Ich rede nicht von Plätzen wie Allenwood und Maxwell Field – wohin man Regierungsspitzel und jene empfindsame Spezies von Leuten schickt, die bei der Regierung oder der Republikanischen Partei oder der Börse in Ungnade gefallen sind.

Ich spreche vom Zuchthaus. In jedem Bundesstaat gibt es wenigstens eines. Einige Staaten – wie New York, Texas, Kalifornien, Michigan, Illinois – haben mindestens ein halbes Dutzend davon. Die Bundesregierung selbst unterhält über vierzig Gefängnisse, aber nur rund ein halbes Dutzend Zuchthäuser.

Ich spreche »allgemein«. Ich will damit nicht sagen, daß alles, was »weniger schlimm« ist als San Quentin, Walpole,

Leavenworth, Dannemora, Ramsey Farm (Huntsville), Anglola, Trenton – Gefängnisse dieses Kalibers –, nicht in das Bild paßt, das ich hier zeichne. Sie tun es.

Seit fast zwanzig Jahren sah ich Häftlinge kommen und gehen. Nicht *einer* von denen, die zum erstenmal ins Gefängnis kommen, ist der vielen Verbrechen *fähig*, deren er fähig ist, wenn er schließlich entlassen wird. Ich meine nicht die technischen Finessen des, sagen wir einmal, Tresorknackens oder die hohe Kunst des Mordens. Ich meine nicht die Methoden.

Im Gegensatz zu den Behauptungen der Regierung lernt kein Mensch diese Dinge im Gefängnis: Häftlinge lernen nicht von anderen Häftlingen, auf welche Weise man Verbrechen begeht. Wie man Verbrechen begeht, wissen sie genauso gut wie der Leser dieser Zeilen. Romane und Filme zeigen besser, wie man erfolgreich Verbrechen begeht, als man in *irgendeinem* Gefängnis lernen kann.

Was ihnen ohne ihr Zutun eingebläut wird, ist *der Wille*, Verbrechen zu begehen. Ich meine die *Fähigkeit*.

Ich pflegte zum Zeitvertreib zu beobachten, wie Männer sich ändern, wie ihr Herz schwärzer und schwärzer wird. Es geschieht vor deinen Augen. Wenn sie das Gefängnis betreten, sind sie mehr verwirrt als ängstlich. Mit jedem Schritt, den sie dann tun, ergreift die Angst gründlicher von ihnen Besitz. Sie lernen Männer und Machenschaften kennen, die keine Romane und keine Filme – nicht einmal die schlimmsten Gerüchte über das Gefängnis – zeigen können. Niemand ist darauf vorbereitet. Selbst die Schweine sind nicht darauf vorbereitet, wenn sie anfangen, im Gefängnis zu arbeiten.

Jeder hat Angst. Es ist keine emotionale, psychologische Furcht. Es ist ganz konkret. Wenn du jemanden nicht – wenigstens – bedrohst, wird er dich bedrohen. Wenn du über den Hof oder durch den Korridor zu deiner Zelle gehst, hebst du dich von ihnen ab wie ein wunder Daumen, falls du nicht abgebrüht und unbekümmert oder aber kalt und mordbereit wirkst.

Viele Male wirst du jemanden »ausnehmen«, oder du wirst selbst »ausgenommen« werden. Nach so vielen Jahren *bluffst du nicht.* Niemand blufft.

Dies ist, mangels eines besseren Ausdrucks, eine *zynische Lebenserfahrung*, eine gefährliche Erfahrung, die dich verändert, ohne daß du dir dessen selbst bewußt wirst. Nach fünf oder zehn Jahren ist es eine Art zu leben. Du siehst, wie Schweine Morde begehen und alle, vom Anstaltsleiter angefangen, *aktive* Komplicen sind. Das ist noch milde ausgedrückt. Die bekanntesten Politiker und Richter halten Beweise solcher Verbrechen *aktiv* zurück. Es geschieht *häufig*. Du siehst es so oft, es ist alltäglich.

Es ist alltäglich, daß Wärter Häftlinge zusammensperren, die geschworen haben, einander umzubringen. Häftlinge, die bereits bewiesen haben, daß sie jemanden umbringen können. Du erlebst, wie sie einander wie die Fliegen töten, weil die Wärter sie dazu angestachelt und ihnen die Gelegenheit geliefert haben.

Die Gefängnisgeistlichen, die am leichtesten einzuschüchtern sind, halten den Mund, weil sie (wenn sie jammern) nichts »beweisen« können, und wie man weiß, überwiegt das »Gute«, das sie tun können, wenn sie den Mund halten und »machen, was sie können«, bei weitem das Böse. Wenn sie etwas sagen, werden sie gefeuert.

Wenn du rauskommst – *falls* du rauskommst –, bist du zu *allem* fähig, zu jedem Verbrechen.

Haben Sie je gesehen, wie ein Mann *verzweifelt*, weil er sich nicht überwinden kann zu morden? Ich spreche nicht von Mord in der Hitze des Kampfes – das kommt im Gefängnis selten vor –, sondern von kaltblütigem, vorsätzlichem Mord. Nach allem, was ich gesehen habe, sind die einzigen Häftlinge, die keine Verzweiflung wegen ihrer Unfähigkeit zu morden verspüren, jene Männer, die wirklich dazu fähig *sind* (und das sind nicht wenige).

Die meisten stellen – irgendwann – fest, daß sie dazu fähig *sind.* Die Entdeckung, daß deine Ängste vor dem Morden unbegründet waren, gleicht dem Gefühl eines jungen Mannes, der Zweifel hatte, ob er bei seiner ersten intimen Begegnung mit einer Frau funktionieren würde – und dann vielleicht nichts Großartiges leistete, die Sache aber doch schaffte. Man fühlt sich stärker.

Wenn du fähig bist, so zu töten, bist du zu allem fähig. Die wesentlichsten Elemente jedes Verbrechens kommen da mit ins Spiel. Täuschung; die Fähigkeit, ein Geheimnis für sich zu behalten; Berechnung; Kaltblütigkeit – und gut geplante und ausgeführte *Gewalt.*

Vor allem lernt man jedoch, nie jemandem zu vertrauen, selbst wenn er ehrlich und aufrichtig scheint. Man sieht, wie die anderen sich gegenseitig was vormachen, und man lernt, wie wenig man ihnen helfen kann, ohne sich dabei selbst zu schaden.

Man *beherrscht* all das und noch mehr, ehe man aus dem Gefängnis entlassen wird.

Warum *stiehlt* man, wenn man rausgekommen ist? Warum begeht man Verbrechen, zu denen man niemals fähig gewesen wäre, ehe man ins Gefängnis kam? Man hat sich so sehr verändert, man ist sich nicht mal mehr bewußt, daß es eine Zeit gab, in der man nicht fähig war, solche Dinge zu tun. Wenn man darüber nachdenkt, sagt man sich, man stehle, weil man keine Angst mehr davor habe, ins Gefängnis zu kommen. Zu diesem Schluß gelangt man, weil man sich nicht daran erinnert, daß man ursprünglich auch keine Angst hatte. Die Wahrheit ist, daß *Geld* – und ich spreche von jenem Reichtum, den man ein Leben lang angehäuft und dann im Gefängnis verloren hat – *nicht* mit ehrlicher Arbeit verdient werden kann. *Kapital* ist etwas, das anderen genommen wurde: *gestohlen.*

Alles, was man braucht, ist ein wenig Selbstvertrauen – und das besitzt jeder, der das Gefängnis verläßt: er hat Vertrauen in sich selbst, aber nicht in andere.

Das Dumme an all dem ist, daß man im Gefängnis nicht einmal gelernt hat, gut zu stehlen! Die Regierung und die Apologeten des amerikanischen Gefängnisses werfen Häftlingen ständig vor, sie brächten sich das gegenseitig bei – aber es *stimmt* einfach nicht. All deine Fähigkeit, Verbrechen zu begehen, hat dich, was ihre rein technische Seite betrifft, keinen Deut klüger gemacht!

Die Todesstrafe und Gary Gilmore

Jemand gab mir einmal ein kleines Buch mit einer Auswahl von Marx' Briefen. Darin fand ich ein Fragment über die *Todesstrafe*. Das wird Sie vielleicht amüsieren.

Es war ein nicht beendeter Brief an die New Yorker *Herald Tribune*, die Antwort auf einen Leitartikel über die Todesstrafe, der in der *Times* erschienen war.

Ich fand ihn interessant, weil Marx darauf hinweist, daß innerhalb der Gesellschaft ein Kausalzusammenhang zwischen Todesstrafe und sinnlosen, schrecklichen *Morden und Selbstmorden* besteht.

In dem Leitartikel der *Times* hieß es, auf jede Hinrichtung – besonders auf eine spektakuläre Hinrichtung, über die viel geschrieben worden sei – schienen in der Gesellschaft »Todesfälle durch Erhängen, entweder Selbstmorde oder Unfälle« zu folgen.

Marx greift diese These an, indem er sagt, die *Times* mit ihrer Vorliebe fürs Hängen und ihrer blutigen Logik sei angesichts dieses Phänomens bei der *»Apotheose des Henkers«* stehengeblieben – die Leute imitierten also nur den Henker. Die *Times* ignoriere jeden eventuellen Zusammenhang zwischen *dem Gehenkten* und dem Phänomen der »Selbstmorde und Unfälle«.

Marx wies das nach, indem er einige Daten zitierte, die eine andere (britische) Zeitung, *The Morning Advertiser* (die gegen die Todesstrafe und die *Times* war), zusammengestellt hatte. Die Daten umfassen eine Periode von dreiundvierzig Tagen im Jahr 1849 und zeigen, daß nicht allein Selbstmorde, sondern auch *»Morde der grausamsten Art auf die Hinrichtung von Verbrechern folgen«*:

HINRICHTUNG VON		MORDE UND SELBSTMORDE	
Millan	20. März	Hannah Saddles	22. März
Petley	20. März	M. G. Newton	22. März
		J. G. Gleeson (vier Morde in Liverpool)	27. März
Smith	27. März	Mord und Selbstmord in Leicester	2. April
Howe	31. März	Giftmord in Bath	7. April
		W. Bailey	8. April
		J. Wards ermordet seine Mutter	13. April
Landish	9. April	Yardley	14. April
Sara Thomas	9. April	Doxey, Vatermord	14. April
		J. Bailey tötet seine beiden Kinder und sich selbst	17. April
J. Griffiths	18. April	Chas. Overton	18. April
J. Rush	21. April	Danie Holmston	2. Mai

Marx räumte hier lediglich einen Zusammenhang ein, zog aber nicht die unmittelbaren Parallelen (und fertigte auch nicht die Tabelle an).

Marx weist darauf hin, daß die Bourgeoisie mit großer Exaktheit die Zahl und Art der Verbrechen vorausberechnet, die in einem bestimmten Zeitraum zu erwarten sind, wobei sie verschiedene Methoden benutzt – darunter Tabellen wie die obige. Nach diesen Zahlen würden die finanziellen Mittel für Gefängnisse, Blutgerüste, Richter (und so fort) bereitgestellt.

Marx schreibt, dem bourgeoisen Geist falle es schwer, sich *selbst* als *Ursache* von Verbrechen zu sehen – weil er auf legale Weise die Voraussetzungen schaffe.

Damit endet das Fragment. Ich würde gern *hinzufügen*, daß das Gesetz die Todesstrafe ursprünglich für Vergehen vorsah, die wir heute als Bagatelldelikte betrachten. Ein Mann konnte für alles mögliche gehängt werden, vom Taschendiebstahl bis zum Mundraub. Sie wurde ursprünglich verhängt, um geringfügige Verbrechen zu verhindern, *nicht Mord.*

In der Geschichte hat es die Todesstrafe gegeben, *bevor* grausame Morde und Selbstmorde begangen wurden.

Gesetze machen nicht nur die Verbrechen, die sie »abschaffen« wollen – wenn sie letztlich dem *Zweck* entgegenwirken, für den sie geschrieben wurden, lassen sie darüber hinaus andere Formen des Verbrechens *entstehen.* Das war die geschichtliche Entwicklung der Todesstrafe.

Männer wie Son of Sam ließen sich bewußt von der Todesstrafe motivieren. Wie anders sollte man ihre inzwischen weitverbreitete Angewohnheit deuten, mit der Polizei Katze und Maus zu spielen, indem sie Fingerzeige in Form von Rätseln und Mitteilungen zurückließen, um den Henker zu verhöhnen?

So kann all das, wie Marx in seinem Brieffragment berichtete, auf einen morbiden und unreifen Geist wirken. Aber das ist nicht alles.

... Hier im Gefängnis werden diejenigen Häftlinge am meisten respektiert und geehrt, die andere Männer, besonders andere Häftlinge, getötet haben. Es ist nicht bloß *Furcht*, es ist *Respekt*.

Im Gefängnis hat jeder ein Ideal, das Gewalt, Mord beinhaltet. In allen Beziehungen zwischen Einsitzenden spielt das allgegenwärtige Faktum des Mords eine Rolle. Es *definiert* letztlich die Beziehungen zwischen uns.

»Morde und Selbstmorde« sind in der Gesellschaft nicht immer als ein anomales Verhalten betrachtet worden. Ehe wir die jetzige Stufe der Zivilisation erreichten, gab es in unserer Gesellschaft so etwas wie *Morde und Selbstmorde* gar nicht. Die Dinge, die wir heute so nennen, wurden damals anders genannt.

Rituelle Menschenopfer wurden in der damaligen Gesellschaft mit ebensowenig Abscheu betrachtet wie die Todesstrafe heute, und in der Vergangenheit gab es Zeiten, in denen ein Mann durch Taten, die wir heute Morde und Selbstmorde nennen, zu großen Ehren kam. So wurde ein Mann, der seinen Vater getötet hatte, in einer bestimmten Periode mit Ehrfurcht betrachtet.

... Ich glaube, alle Leute empfinden unterhalb der Schicht des alltäglichen sozialen Bewußtseins irgend etwas Besonderes, wenn sie erfahren, daß ein Mitglied ihrer Gesellschaft sein Leben durch den grausamen Akt eines Mordes oder Selbstmordes verloren hat. Für den Normalbürger ist es um so beängstigender, je häufiger es vorkommt. Es kann ihn verfolgen.

Wir werden daran erinnert, daß irgendein Mitglied der Gesellschaft mit Leichtigkeit auch *uns* ermorden kann. Der Tod lauert überall dort, wo sich Menschen aufhalten. *Wir lernen* das in unterschiedlichem Grad. Es ist kein »Instinkt«: menschliche Erwartung beeinflußt menschliches Geschick.

Die Theorie, die Todesstrafe wirke als abschreckendes Mittel gegen Mord, widerlegt sich vor den Augen der ganzen Welt selbst, wenn jemand eines Mordes wegen hingerichtet wird. Dann wird *unwiderleglich* demonstriert, daß das Gesetz das Gegenteil des Zwecks erreicht, zu dem es geschrieben wurde: die hingerichteten Männer waren offensichtlich weder wahnsinnig, noch ließen sie sich davon abschrecken, einen grausamen Mord zu begehen. Das Subjekt *(der Gehenkte)* hat das Objekt *(den Henker)* beherrscht. Das einzige Mittel, sich zu behaupten, ist Töten.

.. Die Kausalbeziehung ist die Regierung, weil sie die Todesstrafe mit Mord *verbindet*. Die Regierung, die die Todesstrafe mit der Apotheose des Henkers praktiziert, zeichnet sich nicht durch praktische Erfahrung (einen normalen Bewußtseinszustand) aus.

... Finden Sie nicht auch, daß Ihr Buch über Gilmore von leisen Schreien im Publikum begleitet werden sollte?

Wenn die Gesellschaft ihre Mitglieder mit Tod und Gefangenschaft bestraft, warum wundert sich dann noch jemand, wenn ein *Mitglied* der Gesellschaft seine Feinde mit »Tod und Gefangenschaft« bestraft? *(Que va! Es sind doch Wilde!)*

... Jedermann weiß, daß Amerika – jeder moderne Industriestaat – über die wissenschaftlichen Voraussetzungen verfügt, das Verhalten eines Menschen zu ändern. Man könnte es »Gehirnwäsche« nennen, wenn man wie ein Narr reden will, der sein Leben lang von der Realität ringsum abgeschirmt war. Wir können das Gehirn eines Mannes so »waschen«, daß er nie wieder morden wird. Die ganze Welt weiß, daß wir das tun können, und zwar fast mühelos: *und daß wir es auf humane Weise tun können*, ohne zu zerstören.

Warum *exekutiert* die amerikanische Gesellschaft dann Verbrecher? Einen Mann in diesem Land zu exekutieren ist ungefähr zehnmal teurer, als sein Gehirn so zu »waschen«, daß er nie wieder einen Mord begehen wird.

Es ist *nicht* »humaner«, einen Mann, der einen Mord verübt hat, hinzurichten, als sein Gehirn zu »waschen«. Es ist nicht humaner, einen Mann zu töten, als ihn zu einem *besseren* Menschen zu machen, zu einem Menschen, der keine anderen Leute umbringen wird.

Das ist das zivilisatorische Argument gegen die Todesstrafe. Es ist alles andere als ein *Sophismus*.

Marx sagt, Bestrafung schlechthin habe stets als Mittel zur Besserung oder Einschüchterung anderer seine Verteidiger gefunden. *Welches Recht habt ihr aber, mich zur Besserung oder Einschüchterung anderer zu bestrafen?* Und außerdem haben wir die Geschichte – haben wir Statistiken –, die mit zahlreichen schlüssigen Indizien beweist, daß die Welt seit Kain durch Strafe weder eingeschüchtert noch gebessert worden ist.

Der Kriminelle ist entweder ein Sündenbock oder der *Händler* seiner eigenen Seele.

So sieht die Justiz im Amerika der zweiten Hälfte des 20. Jahrhunderts aus.

Ich sage, es ist das *wesentliche Konzept* der modernen amerikanischen Justiz, und ich möchte nicht, daß Sie denken, ich meinte, das sei alles. Jedermann weiß, daß man unsere Justiz mit dieser oder jener Münze kaufen kann und daß diejenigen, denen man aufgrund der Gegebenheiten ihrer Klasse einen »freien Willen« abspricht (die Dummen, die Leute ohne Freunde, die Armen usw.), den Preis der Verbrechen zahlen, die von den vom Schicksal Begünstigten begangen werden.

... Ich sehe ein, daß ich mich uneingeschränkt mit Gilmore identifiziert habe. Ich versichere Ihnen, daß es viele Männer wie mich gibt; ich bin alles andere als einzigartig. Wir sind nicht einzigartig, weil wir uns in keine Kategorie einordnen. Andere tun das. In diesem Fall tun es die Gefängnisleitungen, die Behörden. Und wenn Sie in irgendein Gefängnis gingen, in dem Gilmore und ich säßen, und nach allen Häftlingen mit einem bestimmten Hintergrund – innerhalb und außerhalb des Gefängnisses – fragten, mit einem Hintergrund, der neben dem beobachteten auch das mutmaßliche Verhalten erfaßte, würden Sie einen Aktenstapel, eine Namenliste bekommen, und zusammen mit meiner Akte und meinem Namen würden Sie unweigerlich die von Gilmore (und wenigstens acht bis zehn anderen) bekommen.

Gilmore trat auf die Bildfläche, als Strafgefangene wesentlich wurden, als es wichtig war, ein Strafgefangener zu sein. Es war eine Zeit, in der ein Mann nach sich selbst, nach seinen Taten beurteilt wurde. Als Individuum beurteilt wurde.

Dann folgte eine allmähliche Veränderung. Wenn man vorher im Gespräch mit einem Schwein gesehen wurde, konnte dies lebensgefährlich sein. Schande über einen Spitzel: er wurde ohne viel Federlesens bei der erstbesten Gelegenheit getötet. Jetzt sind die Gefängnisse leichter zu leiten, weil die Schweine – denke ich – begriffen haben, wie wertvoll es ist, Mißtrauen und Zwietracht unter den Häftlingen zu säen.

... Nichts an seinem Fall ist für mich leichter zu begreifen als sein beharrlicher Wunsch, hingerichtet zu werden.

Das Problem Gilmore stellt sich für mich so: Warum tötete er einen Motelangestellten und einen Tankwart bei Raubüberfällen, obgleich sie keinen Widerstand leisteten? Das ist für mich schwer zu begreifen.

So tötet man normalerweise nur dann, wenn es bei dem Raub um eine Riesensumme geht. Das Motiv impliziert, daß es der *letzte* Raub des Betreffenden sein wird. Oder man tötet so, wenn es der erste *und* der letzte Raub ist, wenn man verzweifelt, gehetzt ist.

Er mag ein kleiner Dieb, ein erfolgloser Dieb gewesen sein, aber schon aufgrund seines Strafregisters muß man ihm ein gewisses Können, einen gewissen Professionalismus zubilligen. Wer so lange, so oft im Gefängnis gewesen ist, legt sich zumindest das automatisch zu (man könnte es »cool werden« nennen).

Das vertieft das Problem, das Gilmore für mich aufwirft. Was trieb ihn, *das* zu tun? Er hätte wenigstens nach Salt Lake City fahren können, um dort etwas zu stehlen, wenn er Angst davor hatte, identifiziert zu werden. Es ist nur fünfzig Kilometer von Provo entfernt.

Ich bin mir nicht sicher, wie seine Intelligenz beschaffen war. Ich weiß, daß er einigermaßen kaltblütig mit sich selbst experimentierte. (Er hatte einmal einen *halben* Schnurrbart; er zwang sich, Dinge zu tun, die normale Leute nicht tun können; er war tapfer.)

Wenn er die Intelligenz von Männern gehabt hätte, die als »Nietzsche-Gestalten« dargestellt werden, hätte er jene beiden aus experimentellen Gründen getötet. Wie Leopold und Loeb zum Beispiel. Nach dem wenigen, was ich von ihm weiß, hatte seine Intelligenz etwas Morbides und Sublimes. Gewisse Menschen ziehen die Eifersucht der Götter auf sich. Doch wenn Gott gewünscht hätte, ihn zu zerstören, hätte er ihn als erstes in den Wahnsinn getrieben. Sogar ein Kommunist weiß das!

Ich begreife nicht, warum Gilmore das tat. Ich möchte es verstehen, weil ich dann bis zu einem gewissen Grad begreifen würde, was das Böse ist.

... Manchmal (zum Beispiel jetzt) glaube ich, Gilmore war eine der vielen »Ursachen«, die im Tod jener beiden Männer gipfelten, und die *beiden* seien die wahre »Wirkung« gewesen. Manchmal meine ich, die eigentliche »Wirkung« solle bei *ihnen* gesucht werden, und Gilmore sei nur eine der vielen Kausalkräfte gewesen, die zusammenkamen, um ihr Ende, ihren Tod herbeizuführen.

Das Problem ist hier genauso groß wie dort: Wo ist die logische oder existentielle *Verbindung* zwischen Gilmore als Ursache ihres Todes und der Wirkung (ihrem Tod)?

Diese Betrachtungsweise führt nur in eine Sackgasse und wirft mehr Fragen auf, als sie beantwortet.

Ich denke, in dieser Sache gibt es ein Kontinuum von »Ursache und Wirkung«, das in innerlichen, jedenfalls überwiegend innerlichen »Bewegungen« zu suchen ist. Diese Idee als Anhaltspunkt für die Betrachtung der Sache benutzen hieße aber, einer Sintflut von psychologischen und behavioristischen und ideologischen Theorien Tür und Tor öffnen, so daß man kaum eine Ausgangsbasis finden könnte, ohne auf seine eigene innerliche Überzeugung zurückzugreifen, denn sobald man etwas sagte, würde man Stellung beziehen für eine von vielen »Denkschulen« und für eines von vielen theoretischen Denk- oder Glaubens»systemen«.

Ich weiß es aber: Nichts ist so verinnerlicht wie der Schmerz, vor allem der menschliche Schmerz. Der Katalog des Leidens, dessen es bedürfte, um die Verästelungen des Schmerzes zu registrieren, die zu einem mehrfachen Mord führen, wäre ein sehr melancholisches Dokument.

... Von welcher Unwissenheit meine Impulse auch zeugen mögen, ich neige im Grunde zu einer philosophischen Geisteshaltung. Manchmal bezweifle ich, daß ein Mensch mit einer solchen Haltung geeignet ist, jemanden zu beurteilen. Er kann den Begriff der Schuld nicht erfassen.

Hier geht es nicht um wahre Gerechtigkeit.

Die Frage lautet vielmehr, ob Gilmore persönlich schuldig war. Aus den verschiedensten Gründen konnte er in seinem Herzen nur dann schuldig gewesen sein, wenn er *beschloß*, es zu sein. Er allein wußte es wirklich. Wir können nur Vermutungen anstellen.

Sein Beharren auf Hinrichtung scheint (unter anderem) auf diese Schlußfolgerungen hinzudeuten.

Wenn ich selbst sicher wäre und seine persönliche Schuld *akzeptieren* könnte, würde ihn schon das Wissen um seine frühere Unschuld in meinen Augen freisprechen, aber ich bin mir nicht sicher, ob er persönlich schuldig gesprochen werden soll, denn er muß in seinem Leben sehr viel Schmerz erduldet haben, Schmerz, der nur durch die vorsätzlich bösen Intentionen der Strafjustiz unserer gegenwärtigen Gesellschaft verursacht wurde.

Es ist schwer, zur Wahrheit über den Menschen vorzudringen. Es gibt eine Menge »allgemeine« Wahrheiten, aber Wahrheit ist immer etwas Spezifisches. Trotzdem möchte ich nicht den Eindruck erwecken, ich sei im wesentlichen der Meinung, der Mensch sei im Grunde niedrig; obgleich ich eigentlich sicher bin, daß Sie sehr wohl wissen, wie sehr ich vom Gegenteil überzeugt bin. Das Niedrige ist angelernt. Wenn ich behaupte, Menschen hätten »Prinzipien«, so meine ich keineswegs, daß sie »unschuldig« oder »voll von Liebe und guten Gefühlen« sind. Ich meine, im Grunde tun Menschen das, was sie für »richtig« halten – es mag gut oder böse sein. Deshalb sind Menschen im Grunde nicht *schwach*, und ich würde niemals sagen: »Ich bin auch nur ein Mensch«, um ein Abweichen vom Prinzip zu rechtfertigen – das ist keine Rechtfertigung für Schwäche, moralische Schwäche. Fleisch und Blut sind viel, viel stärker, als die Einfältigen zu glauben pflegen.

Als Marx die »heilige Familie« mit den Träumen des Menschen vom »irdischen« Paradies identifizierte, wollte er damit sagen, daß die Träume mit der Verwirklichung jenes Paradieses ein Ende haben würden. Er wollte sagen, die Eroberung des Universums sei die *conditio sine qua non* für die Eroberung der dunklen Seiten des Menschen, seiner Instinkte, ja, des *Unbewußten*. Heute darf man nicht mehr als erstes das Unbewußte studieren, man muß vielmehr mit dem Studium der Welt, der materiellen Welt beginnen – was Freudianer womöglich nicht begreifen können. Das Universum gehorcht Gesetzen, einer großen Vielfalt von Gesetzen, aber die Einfältigen meinen, das bedeute, Menschen würden *nicht* frei geboren und hätten keinen freien Willen, während in Wahrheit eben diese Annahme die Menschen versklavt, denn sie können jene Gesetze, jene Prinzipien nur dann anwenden, wenn sie sie kennen – sonst sind sie ihnen, letztlich also ihrer eigenen Unwissenheit, auf Gedeih und Verderb ausgeliefert.

Der Jammer daran ist, daß weder Gilmore noch die Welt wirklich wußten, was ihnen widerfuhr. Die Zivilisationsstufe, die wir heute an diesem Ort erreicht haben, wurde dadurch aller Welt vor Augen geführt.

. . . Sie sagten, Gilmore habe Nicole in dreieinhalb Monaten mehr als fünfzehnhundert Seiten geschrieben. Ich vermute, daß sie eine Menge religiöse Gefühle enthielten. Wenn man Dichtung und Philosophie vermischt, erhält man Mystizismus, Religion. Es ist emotionales und zielloses »Taktieren« angesichts einer Tatsache, der wir alle ausgeliefert sind, gegen die wir alle machtlos sind: angesichts des Todes. Ich würde wetten, man könnte die Art seiner mystischen Überzeugung beinahe aus seiner spezifischen Todesart erschließen – aus Fakten wie seiner offiziellen, juristischen Hinrichtung, seinem Warten in der Todeszelle, ganz allein, seinem späteren Wunsch, den Tod *herbeizuführen*. Das letzte Faktum ist für die unbewußte Formulierung seiner mystischen Überzeugung wahrscheinlich am wichtigsten: sich nicht nur das eigene Leben nach dem Tod, die Ewigkeit, sondern auch die eigene Eschatologie zu schaffen. Sie *herbeizuführen*.

Nur ein Strafgefangener, jemand, der viel Leid erduldet hat, konnte so absurd auf der Sache herumreiten, als wäre sie ein Sieg seines Willens, während er in Wahrheit gar nicht verlorener, versklavter sein konnte.

Sie können nicht wissen, wie traurig ich werde, wenn ich die Quelle und das Wesen jenes absurden Gefühls des Stolzes und der Erlösung erkenne, das *unwillkürlich* alle Strafgefangenen überkommt, sobald ihre Gliedmaßen zusammengekettet werden, als wären sie gemeingefährliche Löwen, böse Tiere. Die Gesellschaft macht Killer aus solchen Kätzchen. Es ist, als stünden wir unversehens mitten auf der Bühne, im Scheinwerferlicht. Die Welt hat sich für einen Moment auf uns konzentriert. Wir sind jemand, der imstande ist, die Welt irgendwie, und sei es noch so geringfügig, zu bedrohen. Deshalb konnte beispielsweise Son of Sam nicht jenes Lächeln unterdrücken, jenes verschämte Lächeln, das der Stolz bei sehr demütigen, sehr *erniedrigten* Männern hervorruft. Bei Männern in Ketten.

Meiner Ansicht nach war jener unwillkürliche Stolz erniedrigter Männer eine starke Komponente in den Emotionen und Gefühlen, die Gilmore in jenen letzten Tagen empfand, als die ganze Welt den Atem anzuhalten schien, um ihn sterben zu sehen.

Im *Zarathustra*, in der Rede »Vom bleichen Verbrecher«, sagte Nietzsche einige Dinge, die dafür relevant sind.

... Ich lese wieder *Rot und Schwarz*. Es ist wenigstens zwanzig Jahre her, seit ich es zum erstenmal gelesen habe. Jetzt, wo ich älter bin, kann ich es besser und unter verschiedenartigen Gesichtspunkten würdigen. Es ist eines der besten Porträts der *romantischen Liebe* – der romantischen Sicht der Dinge –, die es gibt. Auf den ersten Seiten fiel mir ein, daß uns die letzten Rudimente des Romantischen heute, in diesem existentiellen Zeitalter, wie *Paranoia* vorkommen (beim Umgang der Menschen miteinander).

Stendhal zeichnet Julien Sorel unbewußt als einen Homosexuellen, der durch seine Kindheit dazu gebracht wird, seine Begierden auf der Bühne einer vom Mann beherrschten Gesellschaft abzureagieren. Die Bühne, auf der sie sich bewegen und ihre billigen Ideale zu realisieren versuchen, ist die Frau selbst. Stendhal gelang es in diesem Buch, Beziehungen zwischen Menschen zu schildern, die einander total mißverstanden und doch gemeinsam weitermachten. Ich vermute, dieses Mißverstehen als solches zeigt klar und deutlich, wie jener romantische Abschnitt unserer Geschichte beschaffen war.

Stendhals Frauen sind wirklich Opfer von Männern, die wiederum einem (erheiternden) »Pflicht«-Gefühl zum Opfer fallen, aber eine von ihnen, Mademoiselle de la Mole, prägt ein ätzendes Bonmot, zu dem Gary Gilmore sie hätte inspirieren können: »Die einzige wahre Auszeichnung für einen Mann ist das Todesurteil.« Wohlgemerkt:

nicht der Tod selbst, sondern das *Todesurteil.* Meines Erachtens hatte Mademoiselle de la Mole, die Tochter eines Marquis, keine Ahnung, daß Männer ohne offizielle Billigung zum Tode befördert werden können.

Mit anderen Worten: Jeder, der sagt, Gilmores wahre Auszeichnung habe in seinem Todesurteil gelegen, ist in das »Mißverständnis« verstrickt, das ich eben als eine Definition des Romantischen erwähnt habe. Ich wüßte gern, was Gilmore in den letzten Tagen von sich hielt. Ich kann nicht umhin, mir insgeheim zu wünschen, daß er an der Schwelle des Todes von einem solchen Wahn beschützt wurde. Sich irren ist eine Sache, aber so rettungslos im Irrtum zu sein, sich so sehr zu irren, daß alles Seiende einem seinen Fehler vorwirft, ist eine furchtbare Erfahrung. Ich würde sie niemandem wünschen (außer der Bourgeoisie).

Ich habe es selbst in einem solchen Maß erfahren, daß ich es niemand anderem wünsche. Ich werde wohl immer glauben, ich müßte mich für einige meiner Fehler entschuldigen. (Bei anderen Menschen natürlich. Bestimmt nicht beim Gesetz!)

Rassismus in Amerika und hinter Gittern

Als ich heute morgen in einem Büchlein mit Zitaten von Marx und Engels blätterte, fand ich in einer Passage aus Engels' *»Anti-Dühring«* die Bestätigung dessen, was ich über die amerikanische Politik der *Menschenrechte* als politische Doktrin gesagt habe – ein Schrei der Notwehr, *genau* wie das flehentliche Bitten eines Gefängnisaufsehers, der von einem Häftling, den er während seiner gesamten Arbeitszeit absichtlich *gefoltert* hat, mit dem Messer an der Kehle als Geisel gehalten wird: »Aber ich habe eine Frau und zwei Kinder! Bitte töte mich nicht!« *Es ist eine List.*

Hier ist der Abschnitt: »Wobei es für den spezifisch bürgerlichen Charakter dieser Menschenrechte bezeichnend ist, daß die amerikanische Verfassung, die erste, welche die Menschenrechte anerkennt, in demselben Atem die in Amerika bestehende Sklaverei der Farbigen bestätigt: die Klassenvorrechte werden geächtet, die Racenvorrechte geheiligt.«

Wieso ist Rassismus »für den spezifisch bürgerlichen Charakter dieser Menschenrechte bezeichnend«? Alle diese Menschenrechte sanktionierten die ideologischen Doktrinen der Magna Charta, die das *Recht des weißen Mannes* (Habeas Corpus) zementierte, und des Manifest Destiny, das die *moralische Verpflichtung des weißen Mannes* (zum Kolonialismus) zementierte.

Nach der Doktrin des Manifest Destiny konnte jeder weiße Mann unter dem Schutz verschiedener Kolonialmandate weißer Länder die souveräne Herrschaft seines Landes über jedes nichteuropäische Land erklären.

So wurden die Menschenrechte etabliert. Sie wurden von juristischen Doktrinen etabliert, die legislatorisch bis zum heutigen Tag weiterwirken.

Der Grundgedanke war, daß die weißen Rassen die nichtweißen Rassen regieren und verwalten würden; daß die nichtweißen Rassen die Quelle der Arbeitskraft und die weißen Rassen die Quelle des Kapitals, also der Zivilisation, des Reichtums, der Kultur werden würden. Er lebt noch *heute* fort.

Die Rassentheorie der Menschheit entwickelte sich in den frühen Tagen der bürgerlichen Revolutionen des 18. Jahrhunderts, aber damals fehlte noch das wissenschaftliche Instrumentarium, das für einen akzeptablen wissenschaftlichen Nachweis erforderlich war. Hegel zeigte sich damals mit seinen empirischen »Beweisen« der weißen Überlegenheit systematischer als alle anderen (vgl. *Philosophie der Weltgeschichte*).

Nach der Rassentheorie der Menschheit sind die weißen Rassen in der Evolution der menschlichen Spezies am weitesten fortgeschritten, ist das genetische Rüstzeug der weißen Rassen dem Rüstzeug der nichtweißen Rassen überlegen – mehr noch, je dunkler die Rasse, desto weniger scheint sie der »menschlichen Rasse« verwandt. Die *menschliche Rasse* erweist sich schnell als *weiße Rasse*.

Das wissenschaftliche Instrumentarium ist Werkzeug der *wissenschaftlichen Empirie*. Empirische Beobachtung und empirische Versuche beweisen schlüssig, daß die Rassentheorie der Menschheit zutrifft. Die sogenannten »Humanisten« beziehen den Standpunkt, die weißen Rassen sollten die weniger Glücklichen durch einen evolutionären Prozeß steuern, der damit endet, daß sie ... *weiß* werden.

Das ist möglicherweise das »bestgehütete« Geheimnis der bürgerlichen weißen Akademiker dieser Erde – zu denen auch die bürgerlichen Philosophen des 20. Jahrhunderts gehören, vor allem die kontinentaleuropäischen. (Heidegger ist einer der wichtigen »Pioniere«.) Es ist so »geheim«, man spricht es kaum unter sich aus. Ich kann mir vorstellen, wie sie sich in ihren weißen Laborkitteln verstohlen ansehen und vielsagend die Augenbrauen hochziehen, sobald ein paar neue Daten gefunden werden – oder hereinkommen –, die dazu beitragen, »die Theorie« zu untermauern! *»Das Große Experiment«* steht vor dem Abschluß! Ich höre es in diesem Augenblick. (*Das Große Experiment* ist historisch gesehen das, was die ersten bürgerlichen Ideologen als *Demokratie* bezeichneten. Erst später bezog es sich auf die Vereinigten Staaten von Amerika.)

Die einzigen Statistiken, die die schwarzen Massen der amerikanischen Gesellschaft »begünstigen«, sind jene, in denen ihnen mehr *athletische Tüchtigkeit* als den weißen Massen bescheinigt wird. Aber selbst das wird durch den Hinweis auf selektive Sklavenzucht vor dem Bürgerkrieg »wegerklärt« – ich habe sogar gehört, wie schwarze Wissenschaftler unserer Tage es auf diese Weise wegerklärten.

Es mangelt also nicht an empirischen Indizien, die die Rassentheorie der Menschheit stützen. Verbrechensstatistiken, soziales Verhalten, ökonomisches Verhalten, psychologische Reaktion – die Liste umfaßt alles. *Wegen* dieser Liste *kulminiert die Theorie in genetischen Ursachen* – das heißt, der wissenschaftlichen Empirie zufolge. Das beinhaltet auch die athletische Tüchtigkeit als *angeborenes Rassenmerkmal* der Schwarzen.

Professor Shockley versuchte zu beweisen, daß schwarze Menschen *von Natur aus* geistig unterlegen seien. Er war so »geschmacklos«, sein Ergebnis nicht nur zu publizieren, sondern auch darüber zu reden, es in einer »demokratischen Gesellschaft« von »freien und gleichen« Menschen zu diskutieren. Seine »Diskussionen« *beginnen* samt und sonders mit dem, was für ihn und seine Zuhörer gar nicht mehr strittig ist: der genetischen Unterlegenheit schwarzer Menschen. Gegenstand der »Diskussionen« ist, zu *welchen Maßnahmen* das Anlaß geben sollte. Die Konsequenzen für die Demokratie sind, um das mindeste zu sagen, negativ.

Die *einzige* wissenschaftliche Kraft der industrialisierten Welt, die sich – zumindest theoretisch – gegen die Rassentheorie der Menschheit stellt, ist die mit dem Instrumentarium des wissenschaftlichen dialektischen Materialismus arbeitende marxistische Geschichtstheorie.

Hier steht die *kommunistische* Theorie im Gegensatz zur kapitalistisch-bürgerlichen Theorie (die auf der wissenschaftlichen Empirie basiert):

(Das Zitat stammt aus den *Noten zum Anti-Dühring* und ist auch im Anhang von Engels' *Dialektik der Natur* erschienen; es steht in Teil »a) Über die Urbilder des Mathematisch-Unendlichen in der wirklichen Welt«.)

»Indem sie [die moderne Naturwissenschaft] die Vererbung erworbener Eigenschaften anerkennt, erweitert sie das Subjekt der Erfahrung vom Individuum auf die Gattung; es ist nicht mehr notwendig das einzelne Individuum, das erfahren haben muß, seine Einzelerfahrung kann bis auf einen gewissen Grad ersetzt werden durch die Resultate der Erfahrungen einer Reihe seiner Vorfahren. Wenn bei uns z.B. die mathematischen Axiome jedem Kinde von acht Jahren als selbstverständlich, keines Erfahrungsbeweises bedürftig erscheinen, so ist das lediglich Resultat ›gehäufter Vererbung‹. Einem Buschmann oder Australneger würden sie schwerlich durch Beweis beizubringen sein.«

Die – um bei Engels' Terminologie zu bleiben – gehäufte Erfahrung einer Reihe von Ahnen ist in doppelter Hinsicht zu sehen: erstens die äußerlichen kulturellen Traditionen einer Gesellschaft, die Bücher, Instrumentarien,

Mythen usw. umfassen; und zweitens das genealogisch erworbene Wissen.

Wahrnehmung basiert auf diesen beiden Erfahrungsfeldern, die allgemeines Wissen erzeugen. (Die Logik selbst ist ein Aspekt dieses Wissens.)

Was *selbstverständlich* ist, bedarf schon deshalb keiner Beweise, weil es von jemandem, für den es selbstverständlich ist, *nicht in Frage gestellt werden kann*. Und was ist letzten Endes selbstverständlich? Die *Welt* ist selbstverständlich; die Existenz des Individuums an sich ist selbstverständlich. An diesen beiden Dingen *konnte* ein Kartesianer, was seine äußere Erfahrung anging, nicht zweifeln. Er konnte auch nicht an der mathematischen Wahrnehmung zweifeln, die er so meisterhaft beherrschte. Descartes war ein Weißer, ein Europäer.

Nach der kommunistischen Theorie ist *Vorurteil* ein Hindernis für *Intelligenz;* sie besagt, daß die bourgeoise Sicht der Welt ein Vorurteil ist und daß die wissenschaftliche Empirie nur die Grundlage der *bourgeoisen Wissenschaft*, nicht aber der Wissenschaft im allgemeinen ist. Sie besagt, daß die kulturelle und genetische Isolation der *Tod* aller Zivilisationen ist, und die Geschichte hat das mehr als genügend bewiesen.

... Es ist eine Binsenweisheit, daß die moralisch stärksten und die intelligentesten Angehörigen eines unterdrückten Volkes auf den Blutgerüsten und in den Kerkern der Unterdrücker zu finden sind.

Ich habe mein Leben mit amerikanischen Indianern, Mexikanern, Chicanos und schwarzen Amerikanern in Gefängnissen zugebracht. Alle nichtweißen Gefangenen, die ich kannte, rangen ohne Frage mit einem revolutionären Bewußtsein der Welt – aber die konsequentesten, die hartnäckigsten waren die schwarzen Gefangenen. Ich habe gesehen, daß sie in ihrer kritischen Wahrnehmung so radikal sind, daß sie nicht einmal einen *Abschnitt* begrifflicher Sprache in einem Buch verstehen können – verstehen *wollen.* Ich habe früh erfahren, daß sie *nichts* mechanisch lernen, was die alltägliche Welt betrifft. Sie werden ihren Geist nicht mit (auswendig gelerntem) »Wissen« vollstopfen, das für sie nicht *selbstverständlich* ist. Ich habe gehört, wie sie auf äußerst abstrakte und anscheinend allgemeingültige Prinzipien hinwiesen und herablassend sagten: »Das ist doch ein Vorurteil!« – damit war das Thema für sie erledigt. Ich gebe zu, es brachte mich in Rage, besonders weil sie diese Dinge immer mit einer gewissen Heftigkeit und Feindseligkeit vortrugen.

Schwachköpfe vertreten solche Ansichten nicht. Männer von geringer Intelligenz bringt Ungerechtigkeit nicht in Wut; sie stellen nichts in Frage und nehmen alles hin, was ihnen gesagt und angetan wird.

... Und woher kam diese »geheiligte« weiße europäische Kultur? Sie kam als ein *kulturelles Erbe* der römischen und islamischen Zivilisation. Die europäische Kultur als unverkennbares »Ganzes« entstand aus den Beiträgen *vieler* Rassen, vieler genealogischer und kultureller »Wesenheiten«. Als unabhängige, spezifisch europäische Kultur entwickelte sie sich etwa in der Zeit, die wir *Renaissance* nennen (vom 14. bis zum 17. Jahrhundert). Der Islam und Rom hatten auf ähnliche Weise viele Kulturen, viele Rassen assimiliert. Dasselbe gilt für das alte Griechenland, für Indien und China. Es gilt gleichfalls für die Maya und die Azteken der westlichen Hemisphäre.

Ob die Erde rund ist oder nicht, wurde erst eine Frage, als nicht mehr selbstverständlich war, daß sie viereckig (oder »platt«) ist. Ob die Erde der Mittelpunkt der Umwälzungen im Universum – der »Lichter am Himmel« – ist oder nicht, wurde erst eine Frage, als nicht mehr selbstverständlich war, daß es sich so verhielt. Die Liste der Beispiele in der europäischen Geschichte ist lang.

Bleiben wir beim Beispiel von der platten Erde. Früher war das selbstverständlich; in jener Kultur zweifelte kein

Mensch daran. Es hatte jene *innere Gewißheit*, die ernste Zweifel erst gar nicht aufkommen ließ. Es war eine Quelle einer ganzen Weltsicht, eines ganzen Wissensgefüges. Es hatte die *Beständigkeit eines verbreiteten Vorurteils* – und das ist das Wesen jedes Vorurteils. Jeder, für den diese *grundlegende* Tatsache nicht selbstverständlich war, war nicht intelligent und galt als Narr (damals machte man noch keine feinen Unterschiede, wie sie sich in den Worten Idiot, Schwachkopf usw. ausdrücken).

Nur eine genetisch und kulturell herausragende Gruppe war fähig, die grundlegende Tatsache von der flachen Beschaffenheit der Erde in Frage zu stellen. Nur diejenigen, für die es *nicht selbstverständlich war*, konnten dies tun. Deshalb konnten es nur die *Narren* tun!

In einer Gesellschaft, für die die Erde platt ist – und in dieser Hinsicht ist *jede* Gesellschaft rassisch und kulturell rückständig –, ist alles Wissen von der Erde, das im Widerspruch zur Plattheit der Erde steht, schlicht falsch: ein Zeichen von Ignoranz oder Schwachsinn.

Die Intelligenztests der amerikanischen (europäischen) Gesellschaft *befassen sich nicht nur* mit europäischer Kultur, sondern entstammen europäischen kulturellen Traditionen. Diese Tests zeigen nichts anderes als das Ausmaß der Beständigkeit verbreiteter Vorurteile.

Die Menschen, die als wahre künstlerische und schöpferische Genies aus der europäischen Kultur herausragten, waren jene, die imstande waren, kulturelle Vorurteile und Schranken zu überwinden. Ihre hohe Intelligenz wäre wohl von keinem akademischen Intelligenztest nachgewiesen worden – es sei denn per negationem, indem sie beim Test versagten.

In *jeder* Gesellschaft haben die klügsten Männer immer irgendwann zugegeben, sie hätten erst angefangen, ihre Intelligenz zu verwirklichen, nachdem sie all das beiseite geschoben hatten, was ihnen auf der Schule oder Universität beigebracht worden war.

... Was europäische Intelligenztests widerspiegeln, ist *alles in allem* eine bestimmte Art selbstverständlichen Wissens, das unter dem Oberbegriff *mathematisch* läuft. Seine *Logik* ist im wesentlichen mathematisch. Die *Operationen* der Größen und ihre (in Formeln gefaßten) Beziehungen zueinander sind alle selbstverständlich. Es ist selbstverständlich, daß, wenn A = B und B = C sind, A = C ist.

Der Intelligenzquotient ist nichts anderes als eine mathematische Bezeichnung dafür, inwieweit selbstverständliche Axiome der Mathematik – im allgemeinen Bewußtsein – verankert sind. *Nichts weiter*. Deshalb werden die passivsten und servilsten – letztlich die ignorantesten und unselbständigsten – Mitglieder der Gesellschaft am besten abschneiden.

So etwas wie »nichtkulturelle« Intelligenztests gibt es überhaupt nicht. Selbst wenn die mathematische Methode angewandt wird und der Quotient ein Verhältnis zwischen dem *genetischen* Alter eines bestimmten Volkes (und nicht dem chronologischen Alter des Individuums) und dem *kulturellen* Alter dieses Volkes (statt des geistigen Alters jenes Individuums) ist, *schafft* die Menge der positiven und negativen (»richtigen« und »falschen«) Antworten eine mathematische Bezeichnung des Wertes von Eigenschaften – eines Wertes, der quantitativ *nicht* meßbar ist.

Maschinen können rechnen. Rechnen ist also die *niedrigste* Form der Intelligenz.

Was mechanisch gelernt werden muß, ist das *Vorurteil;* Wissen ist es nicht. Wissen ist etwas, das eine subjektive Seite hat, eine persönliche Bedeutung, nicht nur eine äußere Bedeutung. Die Melodie des Hickorystocks auf dem Gesäß eines Schuljungen ist nicht die eigentliche *Erfahrung*, deren er zur Bereicherung seiner Intelligenz bedarf – und jeder gottverdammte Idiot sollte das wissen. Was dem Jungen beigebracht wird, ist genau dasselbe, was einem Hund beigebracht wird: *zu gehorchen*. Man bringt ihm nicht bei, das zu *verstehen*, was er tut, indem er gehorcht – selbst wenn sein Gehorsam auf »Liebe und Freundlichkeit« beruht –, es sei denn, der Idiot, der ihn prügelt, ist der Ansicht, x *Schläge* auf den Hintern reproduzierten die arithmetische Zahl x.

Aber dies ist die *beste* Veranschaulichung: In Wahrheit (ich habe nämlich den Verdacht, x Schläge reproduzierten tatsächlich die Zahl x!) wird dem Jungen beigebracht (hier buchstäblich: *eingebläut*), was *Konzepte* sind, was *Dinge* sind, und weniger, was Mathematik ist.

Ihm wird *eingebläut*, was Geschichte ist; was Ideale wie Gerechtigkeit, Gleichheit usw. sind; was Leidenschaft und Dichtung ist. Der Junge wird bestraft, damit er – ein Gedicht lernt! Bestraft, damit er »weiß«, was wahr, gut, schön ist. Ein wirklich begabter Junge würde über seinen »Lehrer« herfallen – wie? Wenn er eine Pistole hätte, würde er sich einen Weg aus der Schule *freischießen*, so wie Carl Panzram es tat. Das würde er tun. Dann würde er wahrscheinlich eine Bank ausrauben und aus der Stadt verschwinden – schnell!

Das ließ den »Chinesen von Königsberg« (Kant) sagen: Das Genie schafft sich seine eigenen Regeln. Selbst europäische Philosophen haben bemerkt, daß das meiste von dem, was wir für Wissen halten, nichts als Tendenz und Vorurteil ist.

Engels ging es im Grunde darum, daß wir einem »Buschmann oder Australneger« nicht beweisen würden, was für uns selbstverständlich ist – sondern daß ein Buschmann oder Australneger es tun *könnte*, weil er (im Gegensatz zu uns) in der *Lage* ist, es zu tun. Der Grund? Für ihn ist es ganz einfach *nicht selbstverständlich*.

Entsprechend kann sich die Menschheit (!) nicht so betrachten, wie sie andere Lebensformen betrachtet. Die »Menschheit« mag »wissen«, was die besten Weizensorten oder Rinderrassen oder Hunderassen sind, aber nur in bezug auf sich selbst (bestenfalls). Sie kann bestimmte Eigenschaften, an denen ihr gelegen ist, aus einer Spezies herauszüchten, aber die Eigenschaften, die ein *menschliches Wesen* (ein vollständiges menschliches Wesen mit seinen vielen Facetten) ausmachen, kann sie *nicht* wissenschaftlich züchten. Der Grund ist nicht, daß die Menschheit keine Menschen züchten kann; der Grund ist, daß die »Menschheit« nicht in der Lage ist zu wissen, was ein vollständiges menschliches Wesen ist. Im Augenblick wissen wir, daß das, was wir früher einmal als menschliche Merkmale betrachteten, in Wahrheit kulturell und genetisch erworbene Eigenheiten sind. Wir wissen, daß wir uns als Spezies weiterhin entwickeln, und dieses Wachsen aufhalten hieße unsere Evolution aufhalten.

... Ich bin hier von illegalen Einwanderern aus Mexiko umgeben. Keiner spricht Englisch. Ich spreche ein wenig Spanisch. Einige von ihnen pissen unter der Dusche und weigern sich, Toilettenpapier im Klo hinunterzuspülen – der Kalfaktor fegt beim Saubermachen haufenweise scheißebeschmiertes Toilettenpapier an unseren Zellen vorbei. Fliegenschwärme ziehen wie Miniaturrinderherden auf der Suche nach Nahrung über den Fußboden dahin. Die mexikanische Grenze ist nur drei Kilometer entfernt.

In Mexiko – wie in vielen südlichen Ländern – reicht der Wasserdruck in der Leitung nicht aus, um nasses Papier durch die Röhren zu drücken. Deshalb spülen die meisten von denen, die nie in den USA gelebt haben – und kein Englisch sprechen –, das Toilettenpapier im Klo nicht fort.

Ein Rassist könnte daraus eine Menge machen. Sehen Sie den Zusammenhang zwischen Ignoranz und Vorurteil?

... Ich bin nicht immer im Knast gewesen! Teufel, ich war früher mal frei. Ich war 1962 ungefähr fünf Monate – vielleicht fünfeinhalb Monate – frei. (Ich bin ein *Mann von dieser Welt!*)

Ich habe Rassismus außerhalb des Gefängnisses erlebt. Ich kann Ungerechtigkeit nicht leiden. Manche Leute stört sie nicht; deshalb muß ich meine Aversion betonen. Hier ein paar Erlebnisse, die ich hatte, ehe ich hinter Gitter kam:

Im Sommer 1962, bevor ich ins Gefängnis gesteckt wurde, ging ich nach Texas. Ich kam mit dem Bus in X, Texas, an. Im Busbahnhof standen zwei gleiche Trinkwasserspender. An dem einen stand »Nur für Weiße«, an dem anderen »Nur für Farbige«. Ich glaube, es war das erste Mal, daß ich so etwas sah. Ich fand es *komisch*.

Es war im Juli 1962, und im Süden war die Bürgerrechtsbewegung erledigt. Ich meine: ehe sie dann durch die Beteiligung von Studenten an der Antikriegsbewegung neu belebt wurde.

Die größeren Städte in Texas hatten alle ihren Farbigenbezirk, aber in den Kleinstädten auf dem Land gab es keine Farbigenbezirke.

Schwarze konnten diese Orte nicht ohne einen »berechtigten Grund« betreten, Schwarze, die nach Einbruch der Dunkelheit in den Kleinstädten erwischt wurden, riskierten den Tod.

Die Kleinstadt, in der meine Leute – meine Großeltern – lebten, hieß X.

In den Kleinstädten auf dem Land gab es statt eines Farbigenbezirks eine *Niggerstadt !* Niggerstädte waren wie Schatten der richtigen Städte. Sie schienen die psychoanalytischen Beziehungen zwischen dem Bewußtsein und dem Unbewußten widerzuspiegeln.

In der Kleinstadt X kamen die Schwarzen bei Sonnenaufgang aus der Niggerstadt geströmt. Sie putzten die Schaufenster der Läden, fegten die Straßen und Bürgersteige und holten den Müll ab.

Sie verließen die Stadt, ehe die Geschäfte aufmachten. Ich war im Kino – dem einzigen im Ort –, und ich stand während der Vorstellung auf, um zum Klo zu gehen.

Während ich den Mittelgang entlangging, bemerkte ich zufällig, daß auf dem Balkon alle Plätze von Schwarzen besetzt waren. Ich stellte fest, daß sie nur auf dem Balkon sitzen durften. Ich glaube, sie mußten ihre Kino-Eintrittskarten jede Woche zu einer bestimmten Zeit kaufen. Sie konnten nicht einfach vor Beginn der Vorstellung zur Kasse gehen wie Weiße.

Ich hielt diese rassische Diskriminierung weitgehend für einen Tick des Südens. Ich machte nie den Versuch, ihre Implikationen abzuschätzen.

Dann sah ich eines Tages im Fernsehen die Nachrichten. Man brachte eine Direktübertragung von einem Ereignis aus »meiner« Kleinstadt. Ich schaltete den Fernseher aus und verließ das Haus. Das Ereignis fand etwa einen Häuserblock von mir entfernt statt.

Ein baumlanger Schwarzer stand mit dem Rücken an einer Mauer des Busbahnhofs. Er war ein Farmer aus der *Niggerstadt* des Ortes. Er muß ein sehr tüchtiger Farmer gewesen sein, denn er hatte eine große ausländische Zugmaschine, deren Anhänger mit ordentlich abgepackten Heuballen beladen war. Er hatte einen kleinen Sohn, etwa neun Jahre alt. Der Junge saß in der Fahrerkabine der Zugmaschine.

Die Zugmaschine des Farmers parkte in der zweiten Reihe quer über einem der weißen Streifen, die die einzelnen Stellplätze voneinander trennten. Aber dort parkten keine anderen Fahrzeuge. Er war in die Stadt gekommen, um einen Block Eis zu kaufen. Im Busbahnhof, der am Stadtrand lag, gab es auch eine Verkaufsstelle für Eis.

Ein Bulle hatte dem schwarzen Farmer ein Strafmandat über zweihundert Dollar aufgebrummt und ihm gesagt, wenn er nicht sofort zahlte, würde er umgehend in den Bezirksknast kommen. Der Farmer hatte nicht soviel Bargeld bei sich, und deshalb versuchte der Bulle, ihn festzunehmen. Der Bulle bat um Verstärkung, und es kamen ungefähr acht oder neun weitere Bullen.

Einer versuchte, den Farmer zu packen, aber dieser stieß ihn fort. Am Rand des Parkplatzes standen die Reste eines Stacheldrahtzauns. Alles, was von ihm geblieben war, waren Zedernpfähle, die aus dem Boden ragten, und der Farmer zog einen Pfahl aus der Erde und stellte sich, seine Keule mit einer Hand schwingend, an die Mauer. Er mußte stark wie ein Ochse sein, denn Zedernpfähle werden immer tief in die Erde gerammt.

Als ich eintraf, hatten die Bullen einen Halbkreis um ihn gebildet; er stand, wie gesagt, mit dem Rücken zur Wand.

Alle Bullen hatten ihre Pistole gezogen und zielten auf ihn. Sie riefen mir zu, ich solle da wegbleiben, aber ich ging trotzdem näher heran. Ehe ich die Polizisten erreichte, eröffneten sie das Feuer auf den Farmer. Ich erstarrte, denn ich konnte nicht glauben, was ich sah.

Der Farmer stand nur mit erhobener Keule da. Er griff nicht an. Ich hörte, wie er immer wieder rief: *»Laßt mich leben!«*

Sie pumpten seinen Körper mit ihren Kugeln voll. Er zuckte jedesmal zusammen, wenn er von einer Kugel getroffen wurde. Sie feuerten mit Geschossen vom Kaliber .44 – tödlicher als .357-Magnum-Kugeln. Sie schossen aus einer Entfernung von etwa sechs Metern auf ihn. Er war tot, ehe er auf der Erde zusammenbrach.

Der kleine Junge im Fahrerhaus weinte, als er seinen Daddy sterben sah. Ich sah, daß die Zugmaschine so geparkt war, daß einer der Vorderreifen etwa fünfzehn bis zwanzig Zentimeter über dem weißen Trennstreifen stand. Später wurde gesagt, es sei wieder einer von diesen »verrückten Niggern« gewesen.

Als ich Texas mit einem Greyhound-Bus verließ, geschah etwas anderes, das mich betroffen machte. Diese Busse machen zwischenstaatliche Personenbeförderung, und sobald man einen von ihnen bestiegen hat, darf man nicht mehr rassisch diskriminiert werden.

Ich setzte mich in die Mitte des Busses ans Fenster. Bis auf sieben oder acht Plätze am Mittelgang war alles besetzt. Ein schwarzer, ungefähr zwanzigjähriger Student stieg ein. Er war der einzige Schwarze unter den Fahrgästen.

Ich hing meinen Gedanken nach und schaute aus dem Fenster, als er neben mir stehenblieb und fragte, ob er sich auf den freien Platz neben mir setzen dürfe. Geistesabwesend sagte ich: »Sicher, warum nicht?« Er setzte sich hin. Ich war mir noch nicht bewußt, daß das etwas Besonderes war. Wir wechselten ein paar Belanglosigkeiten. Er war zusammen mit einem anderen Collegestudenten eingestiegen, einem weißen Jungen aus Idaho.

Als der Bus vor einem Lokal hielt, damit die Fahrgäste zu Abend essen konnten, stiegen wir alle aus und gingen in das Lokal. Der schwarze Student und ich setzten uns zusammen an die Theke. Ich erinnere mich vage, daß ich ihn fragte, wohin denn der andere Student »verschwunden« sei. Dann bestellten wir bei der Kellnerin etwas zu essen.

Mein Essen kam nach ein paar Minuten. *Ich fing an zu essen.* Er fragte die Kellnerin nach seinem Essen. *Ich aß weiter.* Er fragte die Kellnerin nach seinem Essen. *Ich hatte zu Ende gegessen.* Er fragte wieder nach seinem Essen, und inzwischen verlor ich die Geduld. Sie erklärte ihm, sein Essen sei in einer braunen Tüte »zum Mitnehmen«.

Ich sah von ihm zu der Kellnerin, immer noch so naiv, daß ich nicht begriff, was da vorging – aber es war klar, daß sie sich nicht mochten. Ich war so dumm zu glauben, sie hätten ihm das Essen zum Mitnehmen eingepackt, weil der Bus abfahren würde, ehe er es aufgegessen haben könnte.

Er nahm die Tüte und zahlte. Wir gingen beide hinaus. Fünfzehn oder zwanzig Fahrgäste standen auf dem Bürgersteig und am Bus. Weiße.

Er ging auf den Rasen, und ich folgte ihm. Er setzte sich ins Gras und machte seine Tüte auf, während wir uns unterhielten. Wir redeten über nichts, was mit der Situation zusammenhing – so glaubte ich wenigstens. Aber jetzt erinnere ich mich, daß er mich dauernd, zwischen einzelnen Bissen, fragte, woher ich komme. Ich sagte ihm jedesmal, ich sei aus Michigan. Er kaute weiter und nickte und kniff die Augen zusammen.

Die alten Damen, die alten Männer und alle anderen ließen uns nicht aus den Augen. Ich weiß noch, daß sie uns sehr freundlich angrienten. Wir waren die einzigen auf dem Rasen. Ich dachte, das amüsiere sie.

Ich suchte den anderen Studenten, den weißen Jungen, zwischen den Wartenden. Ein paarmal erblickte ich ihn kurz, aber er schien mich nicht zu sehen und, als ich ihn rief, auch nicht zu hören. Jedesmal wenn ich ihn erblickte, wandte er gerade den Kopf ab.

Als wir wieder in den Bus stiegen, sagte der schwarze Student: »Dieser verdammte Schuppen müßte boykottiert werden.« Dann setzten wir uns wieder.

Da dämmerte es mir zum erstenmal, daß Schwarze nicht in dem Lokal essen durften. Wir waren noch innerhalb der texanischen Grenzen.

Ich erinnere mich, daß wir uns meist über größere Städte der Vereinigten Staaten unterhielten. Er erzählte mir, daß San Francisco ihm gefalle. Da machte der weiße Student den Mund auf. Sie wissen ja, wie sie es machen: mich fixierend, sagte er zu dem schwarzen Studenten, ich könnte dort reich werden. »Wie denn?« fragte ich neugierig. Der weiße Student kicherte, und der schwarze klärte mich auf: »Anschaffen«, sagte er. Dann beugte er sich zu mir und sagte gelassen: »Der feine Pinkel ist eine Tunte – kapierst du?«

Ich glaube, meine einzige andere Erfahrung in bezug auf rassische Diskriminierung Schwarzer, die mich beeindruckte, machte ich in Salt Lake City, ehe ich in den Knast kam.

Es gab dort einen großen Tanzschuppen, der den Mormonen gehörte und von ihnen betrieben wurde. Er lag genau am Rand eines damals schwarzen Viertels, in der Second East Street, an der Ecke der Seventh South Street, glaube ich.

Der Schuppen hieß Liberty Wells.

Für Schwarze, Mexikaner und Indianer verboten. Das einzige, was man dort sah, waren die weißen Gesichter gesunder und sogar attraktiver junger Leute um die zwanzig. Sie besaßen alle die geistige Schwerfälligkeit von Rindern, gepaart mit der Bösartigkeit jener ältlichen Jungfern der viktorianischen Epoche, die Schulkindern beibringen, wieviel Buchstaben das Alphabet hat und wie man sich selbst haßt.

Es war ungefähr zehn oder elf Uhr abends, und ich spazierte durch die Gegend. Ich blieb am Bordstein stehen und wartete darauf, daß die Straße frei würde. Im Liberty Wells, bemerkte ich, war etwas los. Es war schräg hinter der Stelle, wo ich stehengeblieben war. Sechs oder sieben Schwarze näherten sich und warteten neben mir, bis die Straße frei wurde.

Ich ging mit ihnen über die Straße und spazierte auf der anderen Seite, genau gegenüber vom Liberty Wells, weiter.

Der Bürgersteig war auf einer Seite von dicken Eichen und auf der anderen von einem Maschendrahtzaun gesäumt. An jener Stelle war kein Licht.

Die Schwarzen umringten mich, und ich blieb stehen. Der größte von ihnen hatte sich genau vor mir aufgebaut. Mein erster Gedanke war, ich hätte meine Pistole mitnehmen sollen. Ich sagte ihm, er solle mir aus dem Weg gehen, und trat auf ihn zu. Er sagte: »Zuerst mußt du gegen einen von uns kämpfen.«

Dann stieß er einen kleinen schmächtigen Kerl vor mich hin. Ich schob ihn zur Seite und wandte mich gegen den, der gesprochen hatte. Ich verpaßte ihm einen rechten Haken und bearbeitete ihn weiter, achtete nicht auf die Schläge, die von allen Seiten auf mich niederprasselten.

Ich verdrosch ihn kräftig, ehe ich zu Boden stürzte. Ich rollte an den Zaun, und dann konnte ich nur noch daliegen und versuchen, die Tritte abzuwehren.

Während sie mich verprügelten, schrie jemand irgend etwas über ein Tanzverbot. Dann rannten sie fort, den Bürgersteig hinunter. Ich stand auf und wischte meine Kleidung ab. An den Eingangsstufen des Tanzschuppens hatten sich etwa zwanzig Weiße versammelt und schauten zu.

Ich sah sie an und begriff. Ich ging weiter.

Heute ist mir klar, daß ich viele Male den Preis für das soziale Unrecht bezahlen mußte, das Weiße in dieser Gesellschaft begingen. Ich habe nie richtig zu ihnen gehört, habe nie viel mit ihnen gemeinsam gehabt. Ich spreche natürlich von Weißen, die in der Lage sind, dieses rassische Unrecht zu begehen. Ich bin nie zum Tanzen ins Liberty Wells gegangen, ich hatte nicht mal Lust dazu.

Daß ich von Schwarzen überfallen wurde, sollte mich eigentlich gegen sie aufbringen. Eigentlich sollte es mich in die Reihen der weißen Gesellschaft treiben.

Es ist eine Form der »Resozialisierung« – und in vielen Gefängnissen ist es praktisch das einzige praktizierte Resozialisierungsprogramm.

Es hat alles in allem funktioniert, würde ich sagen. Man trifft dort Häftlinge, die sich zu Rassendoktrinen hingezogen fühlen, aber längst nicht so viele wie unter den Polizisten von Los Angeles und vom Orange County. Ich war mir immer darüber klar, daß man unter den Gewändern des Klan eher Polizisten als andere findet. Übrigens rechtfertigte Mussolini persönlich seine Polizisten-»Revolution« mit den Worten, die arbeitenden Menschen würden erst glücklich sein, »wenn an jeder Straßenecke ein Polizist steht«. Entschuldigen Sie, aber ich habe die Polizei nie ausstehen können!

Wenn ich an das *Ausmaß* des Unrechts denke, das Schwarzen in Amerika angetan wird, empfinde ich solches Grauen, daß ich es nur schwer beschreiben kann.

Ich wäre kein Mann, wenn ich glaubte, Schwarze hätten keine soziale *Rechtfertigung*, jedem – jedem – Weißen in dieser Gesellschaft mit Gewalt und Haß zu begegnen. Selbst während ich dies schreibe, bin ich mir klar, daß weiße Jungen in Gefängnissen vergewaltigt und ermordet werden, daß weiße Männer und Frauen von Schwarzen überfallen und ermordet werden.

Es gibt so etwas wie soziale Gerechtigkeit – nur ist es keine *individuelle* Gerechtigkeit. Die weiße Gesellschaft schuf durch Rassendiskriminierung die schwarze Gesellschaft. (Der Ausdruck »Rassendiskriminierung« scheint Lichtjahre von jenem abscheulichen Begriff entfernt zu sein, den die weiße Gesellschaft in die Welt setzte und hätschelte: *der Nigger*.)

Der Grund dafür liegt in der sonderbaren Weise, in der die bürgerliche Klasse in Amerika entstanden ist. Ich weigere mich, es antiseptisch zu sagen, indem ich noch eine historische »Klassenanalyse« der rassischen Unterdrückung in Amerika zum besten gebe.

Jedenfalls liegt es nicht in der »Natur« der »weißen Gesellschaft« – oder weißer Kulturen –, andere Völker zu unterdrücken.

Für Schwarze – für alle nichtweißen Amerikaner – gibt es hierzulande keine Demokratie. Amerika ist eines weißen Mannes Land, und das geht nicht einfach auf ein paar blinde ökonomische Gesetze zurück.

Ich las einmal ein paar alte Schwarten, die Protokolle von Sitzungen des US-Kongresses um die Jahrhundertwende enthielten, unter anderem eine Debatte über die Notwendigkeit neuer Gesetze zur Kontrolle der Emigration nach Amerika.

Daraus resultierte ein Quotensystem, das allein auf rassischen Gesichtspunkten basierte. Die Senatoren wollten die Flut chinesischer und japanischer Einwanderer eindämmen.

Das den Quoten zugrunde liegende Prinzip kann ich wörtlich zitieren: *»Wenn Amerika eines weißen Mannes Land bleiben soll«*, sagte der Senator – es war kein berühmter Senator, und ich habe seinen Namen vergessen –, *»ist es unsere Pflicht, den Zugang nichteuropäischer Rassen zu diesem Land zu beschränken.«*

Der Kongreß arbeitete ein Quotensystem für *alle* Einwanderungswilligen aus und verabschiedete es, um zu gewährleisten, daß viel mehr Weiße als Nichtweiße ins Land kamen.

Ich erinnere mich noch, wie das Staatsgefängnis für Schwarze geöffnet wurde. Wenn man das heute erzählt, klingt es unfaßbar. Von ungefähr achthundert Gefangenen waren genau sechs schwarz. Die Segregation so weniger erscheint heute grenzenlos absurd, aber in der – über hundertjährigen – Geschichte des Bundesstaates waren schwarze Häftlinge immer getrennt untergebracht worden. Die Chicanos und Indianer stellten fast die Hälfte der Gefängnispopulation und waren nie getrennt.

Als das geschah – und es geschah überall im Land –, setzte es einen Kampf für die Rechte *aller* Gefangenen in Gang. Als ein paar Jahre später der Civil Rights Act in Kraft trat, durften Häftlinge vor Bundesgerichten gegen Diskriminierung und grausame und unangemessene Bestrafung klagen. Es begann eine Vollzugsreform, die für die überwiegende Mehrheit aller Gefangenen einen revolutionären Wandel der Haftbedingungen auslöste.

Wir brauchten keine Angst mehr zu haben, gefoltert und ins Loch geworfen zu werden, wenn wir einen Brief an einen Richter, Anwalt oder Senator geschrieben hatten. Wir durften im allgemeinen über den regulären Postdienst mit jedermann Verbindung aufnehmen. Der *Playboy* galt nicht mehr als Konterbande, auf die neunundzwanzig Tage Loch mit »Hungerkost« stand. Wir hatten zum erstenmal ein ausdrückliches Recht auf medizinische Versorgung, auf ausreichende Ernährung und Kleidung. Wir brauchten uns nicht mehr für Sklavenarbeit unter den Augen bewaffneter Posten an private Geschäftsleute ausleihen zu lassen. Die Schutzgitter wurden entfernt, und zum erstenmal konnten wir unsere Verwandten im Besuchszimmer berühren und küssen. Sie ketteten mich vom Fußboden los und hörten auf, mich im Schlaf mit Tränengas zu traktieren. Es war nun verfassungswidrig, Häftlinge mit Elektroschocks zu bestrafen.

Die Liste ist endlos.

Dafür wurden freilich »fortgeschrittene« und subtile Mißhandlungsformen üblich, als diese Dinge in Kraft traten: Es wurde üblich, daß die Strafgefangenen sich gegenseitig töteten.

Bis dahin hatte zwischen den Gefangenen eine gewisse Harmonie bestanden. Es gab eine Linie, die uns Häftlinge vom Vollzugspersonal trennte, und wir alle nahmen sie wahr. Wir waren früher eins. Wir waren nicht nur in unserem Elend, sondern auch als Menschen vereinigt; als Menschen ungeachtet der Rasse.

Es gab Gewalt und Mord zwischen Häftlingen, die jene Trennungslinie als Informanten überschritten – nicht weil ein Mann »schwarz« oder »weiß« war.

Aber es war nichts im Vergleich zu der Gewalt unter Häftlingen heute. Diese Gewalt läßt sich mit der Zahl von Therapeuten, Psychologen, Soziologen ausdrücken; mit der Zahl der Gefängnisangestellten, die keine gewöhnlichen Aufseher sind. In dem typisch freakhaften Amerika ist es so weit gekommen, daß die Gefängnisse nicht nur versuchen, Diebe wieder einzugliedern – sie verfolgen bewußt oder unbewußt das Ziel, aus Häftlingen *Polizisten* zu machen. Entsprechend macht die Regierung außerhalb des Gefängnisses Polizisten aus Kriminellen und Drogensüchtigen, indem sie sie zu Spitzeln umdreht.

Die Gesellschaft, die Schwarze nie wirklich als gleichartig akzeptiert hat, gibt ihnen *nur* im Gefängnis »Gleichheit«, und dort im Gefängnis nutzen sie diese Gleichheit unverzüglich aus, um sich das zurückzuholen, was die Gesellschaft ihnen außerhalb des Gefängnisses verweigert: Macht.

Für mich ist das Problem des Rassismus politisch alarmierend. Ich glaube, ich habe mich mein Leben lang in der politischen Theorie damit herumgeplagt. Ich sehe blindes Unrecht von so ungeheuerlichen Ausmaßen, daß es schwer ist, alle seine Verästelungen zu erfassen.

Unterdrückte Rassen und Nationalitäten versuchen im Gefängnis sofort, Weiße so zu unterjochen, wie die Weißen sie außerhalb des Gefängnisses unterjochen. Es ist beinahe wie ein mechanisches Prinzip – und »sollte« es sein. Es ist die einzige Zeit und der einzige Ort in diesem Land, wo die meisten Nichtweißen die Verheißung ihrer Kindheit, nämlich Männer zu sein, erfüllen können.

In den meisten meiner diesbezüglichen Briefe hatte ich irrtümlicherweise das Ideal der *individuellen* Gerechtigkeit vor Augen – während es die ganze Zeit um soziale Gerechtigkeit ging.

... Gerechtigkeit geht nicht immer ohne Blutvergießen ab und betrifft nicht immer den einzelnen. Sie steht über intellektuellen Erwägungen, und sie bezieht ihre Ethik aus Konsequenzen.

... Das Wort »Nigger« ist an sich schon beleidigend, wie mir im Laufe der Zeit klar wurde, obgleich sowohl schwarze als auch weiße rassistische Intellektuelle sich alle Mühe gegeben haben, es auf eine Weise zu gebrauchen, die nicht abwertend ist: es zu entschärfen. Nichts kann dieses Wort retten. Wenn Schwarze einander »Nigger« nennen, haben sie sich damit *abgefunden*, daß sie als menschliche Wesen zweite Wahl sind. Es ist dasselbe, wie wenn Homosexuelle einander »Tunten« nennen – sie haben sich damit abgefunden, daß sie als Männer zweite Wahl sind.

... Das ist etwas, das mir bewußt war, seitdem ich das erste Mal ins Gefängnis kam. In dem Maß, wie eine Gefängnisleitung dafür sorgen kann, daß ihre Häftlinge einander das Messer an die Kehle halten – in dem Maß kann sie ihre Häftlinge mißhandeln und foltern; in diesem Maß wird das Unrecht an amerikanischen Häftlingen vervielfacht. Im Süden benutzen die Gefängnisleitungen dazu vor allem *eine Klasse* von Häftlingen, die die Rolle von Aufsehern, Schweinen spielen. Sie haben (je nach Bundesstaat) verschiedene Namen: Hausarbeiter, Kalfaktoren, Schänzer, Vertrauensmänner; die Liste ist bunt, und jeder Staat im Süden hat für diese Einsitzenden seinen eigenen Namen. Sie erhalten *alle* Befugnisse normaler Gefängnisaufseher. Sie werden sogar mit Pistolen bewaffnet.

Drüben in den westlichen Bundesstaaten trennt man Häftlinge nach der Rasse. In manchen Fällen räumt die Gefängnisleitung Schwarzen und Chicanos und Indianern Privilegien ein, die sie Weißen verweigert. In anderen Fällen sind es die Weißen, die alle Privilegien genießen. Man verfährt auf vielerlei Art. Man kann Häftlingsvereine benutzen, die »Kulturgruppen« heißen. Diese Gruppen genießen Privilegien, auch finanzielle, die Andersfarbige, die nicht zu einer bestimmten »Kulturgruppe« gehören, nicht haben (Besuche von Freunden – nicht nur Verwandten; mehr »Freiheit« usw.). Eine andere Methode besteht darin, nur *eine* Rasse zu schikanieren – *heute* sind es meist die Weißen, die gefoltert und rassisch diskriminiert werden.

In Leavenworth und Atlanta wurde ich immer in Zellen gesteckt, in denen sonst nur Schwarze saßen, besonders im Verschlußtrakt, wo bis zu vier Mann in einer Zelle waren. Außerhalb des Verschlußtrakts gibt es Achtmannzellen. Ich war immer der einzige Weiße in der Zelle. Der Hintergedanke war, daß die Schwarzen mich vergewaltigen sollten. Der Hintergedanke war, daß ich Schwarze hassen lernen sollte.

Ich persönlich hatte nie Schwierigkeiten mit ihnen, weder im Verschlußtrakt noch auf dem Hof. Der Grund ist, daß ich bei ihnen bekannt bin. Mein Fall ist jedoch eine Ausnahme, und in der Regel werden Weiße mit dieser Methode in aktive Rassisten verwandelt.

Im Verschlußtrakt haben sie immer die radikalsten Black Muslims in meine Zelle gesperrt, aber ich hatte nie irgendwelche Schwierigkeiten. Vermutlich weil wir im Grunde dieselbe Unterdrückung erlitten: Klassenunterdrückung und Rassenunterdrückung sind letztlich identisch. Bevor ich dieses Wort auch nur kannte, erklärte mir ein alter Schwarzer einmal, als ich meine erste Strafe absaß, ich sei *klassenbewußt*. (Ich schlug das Wort in meinen Büchern nach, um festzustellen, was es bedeutet.)

... Jedem *Sprung* in Richtung Vollzugsreform geht im Gefängnis eine Periode rassischer Solidarität *aller* Häftlinge voraus. Es kommt rasch, in schneller Folge zu Arbeitsniederlegungen; Häftlinge schlagen zurück, wenn sie geschlagen werden, und jedermann auf dem Hof springt ihnen bei. Wenn ein Häftling im Loch gefoltert wird, kommt es auf dem Hof – an den Arbeitsstellen – sofort zu Sabotageakten.

Eine Periode, in der Schweine die Häftlinge wie Menschen anreden, wird von Häftlingssolidarität gekennzeichnet.

... Sie pferchten uns unmittelbar nach der Revolte ins Loch. Ein schwarzer Gefangener wurde herausgeholt und schlimm zugerichtet. Sie brachen ihm den Kiefer. Wir machten die Schweine fertig, zerstörten und zerfetzten alles, was uns in die Hände fiel. Es war im größten Bundeszuchthaus. Die Schweine hatten Angst, uns duschen zu lassen, weil sie fürchteten, wir würden über sie herfallen, wenn sie die Zellentür öffneten.

Etwa drei Wochen später ließen sie uns nacheinander duschen. Ungefähr zwanzig Schweine begleiteten uns, jeweils nur einen, von den Zellen zum Duschraum und zurück.

Es waren alles weiße Schweine, und sie standen direkt vor der Dusche, beobachteten mich und versuchten, entspannt zu wirken. Einer, er hieß *Punchy*, sagte mit freundlicher Stimme: »Wir sind Weiße, genau wie du. Die Schwarzen da mögen dich ebensowenig wie uns.« Er beobachtete mich, und ich sagte nur: »Fick deine Mutter.«

Wenn die Schweine mit *mir* so quatschten, taten sie es bestimmt auch mit anderen weißen Häftlingen. Deshalb wundere ich mich manchmal, wenn ich die Gesichter von Häftlingen um mich herum betrachte.

Wir kamen ins Gefängnis, *um gebrochen zu werden.* Die Leute, die uns festnahmen, uns einen »fairen Prozeß« machten und uns ins Gefängnis warfen, hassen uns aus ganzer Seele und wünschen bei Gott, wir existierten nicht. Es ist kein Zufall, daß wir nur allzu oft aus Notwehr in rassische Konflikte mit anderen Häftlingen geraten.

Sie möchten nämlich, daß wir uns gegenseitig umbringen. Solange wir das tun, machen wir es den Gefängnisleitungen und der Polizei leicht, uns dazubehalten und zu zerstören.

Wenn ich jetzt aufzählte, wie viele Häftlinge in den letzten zehn Jahren in amerikanischen Gefängnissen und Zuchthäusern getötet und verletzt wurden, könnten Sie sofort folgern, daß in eben diesem Augenblick in jedem Bundesstaat, jedem Bezirk und jeder Großstadt ein bewaffneter Konflikt – ein Krieg, wenn auch ein »kleiner Krieg« – stattfindet. Er wird in eben diesem Augenblick von der Polizei orchestriert.

An jedem Tag des Jahres werden in amerikanischen Gefängnissen wenigstens vier Häftlinge umgebracht und über hundert weitere verletzt.

Sie benutzen die Schwarzen gegen die Chicanos, die Weißen und die Puertoricaner. Und die Weißen gegen die

Chicanos und die Indianer und die Schwarzen und die Puertoricaner. Sie benutzen jede Rasse gegen jede andere Rasse, und deshalb reißen sie die Gefängnisse nicht nieder.

Gefängnisse und Zuchthäuser »lehren« weiße Häftlinge, nichtweiße Häftlinge zu hassen, denn nachdem die Schwarzen ihr Leben lang dem Rassismus der Weißen unterworfen waren, schlagen sie im Gefängnis natürlich gegen weiße Häftlinge zurück.

Die Behörden möchten, daß die weißen Häftlinge ihr Verhalten ändern und »in den Schoß der weißen gesetzestreuen Gesellschaft zurückkehren«. Das ist die Botschaft, und sie ist so klar wie eine Glocke.

Weiße werden *gezwungen*, sich im Gefängnis zu wehren, selbst wenn ihre Verteidigung nicht zuletzt darin besteht, zum Angriff überzugehen. Amerikanische Vollzugsanstalten sind keine Sonntagsschulen.

Weiße müssen in den meisten großen Strafanstalten dicht beisammen bleiben und einander verteidigen. Das wird so lange der Fall sein, bis alle einsitzenden Rassen verstehen, daß es zu ihrem Vorteil ist, in Eintracht und gegenseitiger Rücksicht zu leben. Bis dahin wird ihr Los gegenseitige Vernichtung sein.

Aber das wird nie passieren. Die Polizei, die Gefängnisleitungen werden immer dafür sorgen, daß wir einander im Gefängnis das Messer an die Gurgel setzen.

Außenpolitik

Die Kommunisten, die 1848 die Revolutionen der Bauern (und Kleinbürger) in Deutschland anführten, scheiterten aus *politischen* Gründen. Die Kommunisten hatten keine gute praktische Politik entwickelt, um die Bauernklasse für die proletarische Revolution zu gewinnen, die in den Städten Köln, Paris und London allmählich Gestalt annahm.

Die auf Marx' Analysen der kommunistischen Erfahrung in Frankreich und Deutschland beruhenden Lektionen lieferten das Fundament der *Leninistischen* Kommunistischen Partei, die ein *Bündnis von Arbeiter- und Bauernklasse* forderte – *ein Bündnis*, das dem in Agrarländern unterrepräsentierten Proletariat erlaubt, die Regierung zu lenken.

Die erste siegreiche Revolution, die vom kommunistischen Proletariat *angeführt* wurde, fand 1917 in Rußland statt. Seitdem hat sich die gesamte Entwicklungsgeschichte der Nationen *verlagert*. Die proletarische Bewegung hat seit 1917 überall auf der Erde so enorm an Schwung gewonnen, daß eine proletarische Weltrevolution nicht mehr fern ist. Die Revolution steht und fällt mit dem Bündnis von Arbeitern und Bauern und seiner Fähigkeit, seine (wirtschaftliche und politische) *Unabhängigkeit* von den bourgeoisen Industriestaaten – die sich hauptsächlich auf Europa konzentrieren, vor allem: England – zu bewahren.

Jeder *Agrar*staat, der sich mit Hilfe der Kommunistischen Partei, der *Diktatur des Proletariats*, vom imperialistischen Monopolkapitalismus anderer Staaten befreit, bringt uns der Stunde der siegreichen proletarischen Revolution näher, die historisch als Speerspitze der Weltrevolution fungiert.

Was in Mexiko, Mittelamerika und Südamerika, in Afrika und dem Nahen Osten – in den Ländern der Dritten Welt – geschieht, wird jenen *unvermeidlichen* Zeitpunkt *bestimmen*. Es dauert vielleicht noch zehn Jahre, vielleicht noch dreißig oder hundert Jahre – aber es wird kommen: Es ist unvermeidlich.

Welche Rolle die kommunistischen Supermächte dabei spielen werden, ist eine andere Sache. China und die Sowjetunion könnten die Weltrevolution *verzögern*. Ich bin mir ihres heutigen *Standorts* in der kommunistischen Bewegung nicht sicher. Sie haben ganz gewiß keinen Anspruch auf Führerschaft (und sind *nicht* die *Wegbereiter*), weil sie ganz einfach groß und mächtig sind. Es wäre zum Beispiel *denkbar*, daß das kleine Albanien oder das kleine Mozambique eine *(in jedem Sinn)* wichtigere Rolle in der Bewegung spielt als die großen, mächtigen *kommunistischen* Staaten wie die Volksrepublik China oder die UdSSR.

Die Rolle dieser Supermächte wird *absolut* gesehen von der *Hilfe* abhängen, die sie den heute, *jetzt* in der Dritten Welt um ihr Leben kämpfenden Revolutionären gewähren. Diese Revolutionäre werden in dem revolutionären *Kampf* um die Macht *gestählt* und haben deshalb ein schärferes revolutionäres Bewußtsein.

Ich bin mit den schwächsten und unterdrücktesten Ländern der Dritten Welt. Ich konzentriere meine Anteilnahme auf sie. Ich hoffe, in England zu sein, wenn die erste siegreiche proletarische Revolution stattfindet ...

Es mag viele Gründe geben, weshalb ich die Sowjetunion zu »bewundern« scheine, aber der wichtigste ist dieser: Ich habe eine Antenne entwickelt, die auf die russische Seele anspricht – die größten Prosaisten kamen aus Rußland. Ich sehe Rußland als eine große leidende Masse von Menschen, die so tief im Sumpf steckten, daß daraus nur große Leidenschaften resultieren konnten.

Außerdem habe ich zuerst Lenin und dann alle seine Genossen studiert. Ich studierte die Geschichte der Kommunistischen Partei, deren Führer er war. Die »alte Garde« Rußlands und Europas zu Lenins Lebzeiten ist in meinem Geist lebendig. Die Persönlichkeit Lenins und aller seiner Genossen beeindruckte mich zutiefst. Mir ist, als hätte ich Liebknecht, Luxemburg, Kautsky, Radek, Bucharin usw. usw. selbst gekannt. Ich kann mir sogar vorstellen, was für ein Gefühl es gewesen sein muß, zusammen mit meinen Genossen ein Land zu erobern und es wieder auf die Beine zu bringen. Die Verwirklichung jahrelanger Diskussionen und Träume zu erleben. Zusammen mit ärmlich gekleideten Genossen aus allen Winkeln Europas und Amerikas durch ein Land zu ziehen, das wir soeben erobert haben, und die Macht zu spüren, die endlich uns gehört.

... Ich habe zumindest drei Bücher von Alexander Solschenizyn gelesen: *August 1914, Der erste Kreis der Hölle* und *Der Archipel Gulag* und auch ein paar Artikel.

Er ist ein Verräter, nicht am Kommunismus (dazu muß man vorher Kommunist gewesen sein), sondern an seinem Volk, seinen Landsleuten. (Man beachte, Amerika als Zuflucht für den niedrigsten aller Verräter!)

Der erste Kreis der Hölle entzückte mich, weil ich, abgesehen von all dem Mist, eine Menge darüber erfuhr, wie nachsichtig die Sowjetunion ihre Häftlinge behandelte. Ich bin doppelt so lange im Gefängnis gewesen wie er, und ich bin kein Verräter, der versucht hat, sein Land an ein anderes Land auszuliefern. Er saß zehn Jahre für ein Verbrechen, das in den USA heute sehr wahrscheinlich mit dem Tod geahndet werden würde. Und wenn nicht mit dem Tod, dann mit Lebenslänglich ohne die Möglichkeit vorzeitiger Entlassung in Leavenworth. In beiden Fällen wäre er also nie wieder freigekommen. Ich habe länger im Loch gesessen als er im Gefängnis.

Er war/ist ein *Militarist*, einer, der den *deutschen* Militarismus anbetete. Er ist nicht einmal ein Propagandist: *er ist ein Lügner*. Er erzählt seine Lügen, fabriziert seine Fälschungen, mit einem gewissen *Stil*. Dem Stil eines Engagierten. Einer gewissen Leidenschaft. Die Leidenschaft besteht einfach darin, sich aus einer schlimmen Lage herauszulügen – und er hat dies auf die Spitze getrieben.

... Heute morgen ist mir aufgegangen, daß Sie in meinem Abscheu gegen sowjetische »Dissidenten« (wie Anatoli Schtscharanski) eine *prosowjetische Haltung* sehen.

Es gibt eine Bewegung – und diese Bewegung wurde ironischerweise in sowjetischen Zuchthäusern geboren – zur Erneuerung des Kommunismus, Marxismus-Leninismus in der Sowjetunion. Ich befürworte sie.

Es gibt in der UdSSR eine Bewegung für *vollständige* bürgerliche Freiheit. Ich lehne sie ab. Die »Dissidenten«. Für mich sind die »Dissidenten« lächerlich. Sie sind nicht nur lächerlich, ich sehe in ihnen darüber hinaus eine zynische Verkörperung der halbgebildeten »Intellektuellen«, die die Sowjetunion hervorbringt.

... Mein Standpunkt zu Kuba und seinem Verhältnis zum Sozialimperialismus ist folgender: Historische Entwicklungen haben zusammengewirkt, um Kuba (wenn der »Schein« nicht trügt) vor der UdSSR in die Knie zu zwingen – als »Lakai« des Sozialimperialismus. Zuerst einmal ist Kuba in der westlichen Hemisphäre *allein*. Kuba mußte entweder vor Amerika kapitulieren und wieder die Zustände herstellen, die vor der kubanischen Revolution geherrscht hatten, oder sich auf die Seite des »kommunistischen Imperiums« der Sowjetunion stellen.

Ich stimme nicht mit Kubas Außenpolitik überein, weil *Kuba gar keine Außenpolitik hat*. Die Außenpolitik Kubas ist die der Sowjetunion.

Kuba kann nur dann mit dem Sozialimperialismus brechen, wenn in zwei oder drei lateinamerikanischen Ländern eine siegreiche Revolution stattfindet. Damit wäre Kubas Isolation beendet; es würde ihm in der westlichen Welt eine Stimme geben und ihm erlauben, nötigenfalls eine Art Block zu bilden, um seine Feinde zu bestrafen. So sah Che Guevara Kuba im Verhältnis zu anderen Mächten der Halbkugel.

Wie kann ich einen Säugling kritisieren, der seine einzige Nahrung in den Zitzen einer Wölfin findet?

Lenin schloß seinen Frieden von Brest-Litowsk. Stalin seinen Pakt mit Hitler. Lenin betrachtete den Frieden von Brest-Litowsk als ein Mittel, Zeit zu gewinnen, als eine Ruhepause. Stalin betrachtete seinen Vertrag als lebensnotwendig, was er tatsächlich war, weil die Westmächte Hitler gegen die Sowjetunion ausspielen und dann eingreifen und den besiegen wollten, der gewonnen hatte.

Lenins Frieden und Stalins Pakt waren glanzvolle politische Manöver. Ihre Reaktion auf die Wirklichkeit war großartig. Die Reaktion Castros war es ebenfalls.

Mao, die Kommunistische Partei Chinas und das Land stellen objektiv drei selbständige Einheiten dar.

Ich befürworte Maos Einfluß auf die Revolution, seinen Beitrag zum Marxismus. Ich befürworte ein unabhängiges China. Ich weiß nicht genug über die KP Chinas, um sagen zu können, ob ich sie »befürworte«.

Unter Mao hatte China ein Militär, wie wir es noch nie erlebt haben. Es hatte nicht die besten »Waffen« und stützte sich auch nicht auf Rüstung. Aber es hatte die besten *Leute*, denn sie waren politisch geschult, und allein dieses Element sprengt alles, was wir über konventionelle Kriegführung wußten (oder wissen).

Ich meine, das ist der springende Punkt des Unterschieds zwischen bürgerlichen Militärdoktrinen und den Militärdoktrinen des Volkskriegs. Die einen verlassen sich auf Waffen und Maschinen, die anderen auf die Kühnheit des Volkes. Und diese sind im Ernstfall weit überlegen. Das bestreitet inzwischen kein Mensch mehr – nicht im Pentagon, nirgendwo. Die größte Neuerung in der Kriegführung des 20. Jahrhunderts ist nicht der Nuklearkrieg – es ist der Volkskrieg.

Das kapitalistische Militär kann die Methoden des Volkskriegs nie benutzen, ohne sich selbst zu *stürzen*.

... Man ist allgemein der Ansicht, daß die sowjetischen Juden, die nach Israel auswandern möchten, das mit dem ausdrücklichen Wunsch tun, gegen die Palästinenser zu den *Waffen* zu greifen. Deshalb haben viele Leute Vorbehalte gegen die Massenauswanderung sowjetischer Juden nach Israel. Ich denke *nicht* »automatisch« so. Ich *vertrete* jene Meinung nicht, weil ich ehrlich gesagt nicht genug darüber weiß. Ich habe keine Meinung, außer natürlich, daß es, wenn die Juden aus denselben Motiven dorthin gehen wollen, aus denen irgendein anderer in ein anderes Land auswandert, ein Verbrechen wäre, sie aufzuhalten. Es gibt jedoch Gerüchte, die das Gegenteil besagen, und was der Zionismus im Unterschied zum Judaismus ist, *weiß ich*.

... Ich zucke zusammen, wenn ich höre, das Leben in Israel sei wie das Leben hier in den USA. Wenn das so etwas wie eine Verteidigung Israels sein soll, sagt es mir lediglich, wie korrumpiert, wie böse und schrecklich jenes Land ist.

Wenn Sie das verheerende Wesen der zivilisierten Gewalt – einer Gewalt, die die haarsträubenden Greuel der barbarischen Gewalt wie das Spiel von Dilettanten erscheinen läßt – nicht kennen, haben Sie den Schauplatz und Inhalt meiner Briefe nicht wirklich begriffen. Jene Gewalt, die den Charakter eines Mannes, seine Ethik, sein Leben, seinen Geist zerstört und alle seine Sinne pervertiert, ist die Gewalt, die unter den Bannern des Kapitalismus paradiert und sich wie eine Pest auf demokratische Industriestaaten herabsenkt.

Ein Schah von Persien hackt dir vielleicht die Hände ab, aber er läßt dir deine Seele (weil er sie dir nicht nehmen *kann*). In Amerika jedoch, wenn die Gefängnisse dieses Landes auch nur die geringste Macht über dich besitzen, können und werden sie dich zerstören – sie können und werden dir *deine Seele* nehmen.

Hier ist doch jeder von uns ein ausgebranntes Katastrophengebiet – um so bedauernswerter, als die meisten von uns es nicht wissen oder nicht imstande sind, es zu sehen.

Ich bin nicht »für« *zivilisierte* oder *barbarische* Gewalt. Zivilisierte Gewalt ist freilich die schlimmere von beiden. Sie ist ein Zwang ohne persönliche Berechtigung, der jeden Lebensbereich der bürgerlichen Gesellschaft erfaßt. Marx sprach von »Entfremdung«.

Wenn ich mir also ein Israel »wie die USA« vorstelle, fühle ich mich äußerst beunruhigt, habe ich das Gefühl, die Lebensqualität sei dort unendlich schlechter als, sagen wir, in Saudi-Arabien oder Syrien – mit ihrer barbarischen Monarchie und ihren wilden Stämmen.

... Ich wünschte, Sie würden einen Augenblick über dies nachdenken. Angenommen, alle arabischen Staaten würden morgen *Partner* Israels, und alles, was daraus folgt. Die feudalen Monarchien würden von all den Interessen gestützt, die heute die Existenz Israels stützen. Der unvermeidliche Zusammenbruch jener alten Feudalsysteme würde um weiß Gott wie viele Jahrzehnte hinausgezögert werden.

Die Revolution würde im Keim erstickt. Wir *brauchen* Instabilität in jenem Teil der Erde, um die Menschen dort aufzurütteln. Alle arabischen Staaten fangen an, sich dessen bewußt zu werden. Wir müssen jetzt in allen arabischen Staaten demokratische Revolutionen in Gang bringen, die vom Volk getragen werden, und eben das versuchen die Kommunisten zu erreichen.

Dieses »großartige Land« bekam natürlich aus selbstgerechter Empörung einen Wutanfall, als der Ajatollah seine Farce inszenierte, um die Auslieferung eines der berüchtigtsten Kriegsverbrecher seit dem Zweiten Weltkrieg zu erzwingen und damit ein wenig Gerechtigkeit aus den USA herauszupressen. Man stelle sich vor, wie die Israelis reagieren würden, wenn die USA Adolf Hitler nicht nur Asyl gewährten, sondern auch noch feierten, zum Ehrengast machten. So argumentiert selbstverständlich niemand! Was sie »verwerfen«, sind die »Methoden« der Iraner.

Gehen Sie auf die Straße. Fragen Sie irgend jemanden: vom Durchschnittsbürger bis zu den »Fachleuten« für politische Wissenschaft in Harvard und Yale. Sehen Sie, wie ihre Gesichter rot anlaufen vor Zorn! Endlich, *endlich* ist ihrem »Land« ein »Unrecht« angetan worden. Sie *bewaffnen* sich gegen die iranischen *Kinder* in diesem Land, die es wagen, Solidarität mit ihrer Revolution zu zeigen – mit einer Revolution, die historisch seit vierzig Jahren überfällig ist, einer Revolution, die noch in den Kinderschuhen steckt. Sie *braucht Gerechtigkeit*. Das bedeutet, daß der Schah *nicht* in derselben Welt wie das iranische Volk frei herumlaufen *durfte*. Der Freund eines Feindes ist ein Feind. Kindisch, aber wahr.

In den Adern dieses jämmerlichen Landes pulsiert wieder einmal der alte gelbe Eiter der Feigheit. Wie äußert er sich? In Chauvinismus, der sich daheim, fernab von Gefahren, ungehindert breitmacht. Es ist leicht, »riskante« Reden über das Niederboxen von Leuten zu schwingen, wenn man hinter einem Bollwerk aus Tausenden von Atomraketen und einem Ozean sitzt, auf dem eigenen Rasen.

Diese Scheiße regt mich unendlich auf, ich muß an etwas anderes denken. Wenn ich mich weiter damit beschäftige, werde ich diese Zelle garantiert vor Wut kurz und klein schlagen.

Freiheit?

Vor dem Fenster leuchten Blitze, und es gießt in Strömen. Es ist ungefähr Mitternacht, und alle sind still. Wie immer bei einem Hungerstreik. Es ist meine Chance, mich zu recken und zu entspannen.

Solche Nächte – der Regen peitscht heftig, unaufhörlich ans Fenster – haben mich immer beruhigt. Der rollende Donner klingt wie die großen Pauken eines Sinfonieorchesters.

Wenn ich bedenke, was für Dinge genügen, um mich nach all den Jahren glücklich zu machen, bilde ich mir gern ein: es sind einfache Dinge. Einfach, weil man sie nicht mit Geld kaufen kann. Geld ist sogar ein *Hindernis*. Aber ich weiß, ich verlange zuviel. Und außerdem geht es nicht darum, was ich mag oder nicht mag, was ich »wünsche« oder begehre. Nicht um den persönlichen Geschmack. Es geht einzig und allein um das, was ich *brauche*, ohne das ich nicht existieren kann. Manche würden es »Rache« nennen; andere »Vergeltung«. Ich will Gerechtigkeit.

Ich will nicht so lange im Gefängnis bleiben, bis ich so weit bin, daß ich zum Himmel starre und die Sterne für mein Elend verfluche. Ich möchte niemals zu dem hanebüchenen Schluß kommen, daß »niemand schuld ist«, wie es immer so schön heißt. Oder daß es in unserer Welt schon immer so gewesen ist und immer so sein wird. Oder daß ich mich selbst eingelocht habe.

... Ich weiß nicht, wie ich reagieren würde, wenn jemand, ein braver Bürger, der für eine Regierung arbeitet, zu mir käme und mir mit seinem Verhalten, seinem Tonfall, seiner *Stimme* sagte: »Wir bitten um Entschuldigung für alles, was wir Ihnen angetan haben. Es tut uns leid, und wir werden es nie wieder tun.«

Wenn er wirklich aufrichtig wäre und ich es *wüßte*, wäre es eine Erfahrung, die mich am Boden zerstören würde. Ich glaube, sie würde mich *von Grund auf* verändern.

Ich könnte das ebensogut vergessen. Es ist ungefähr so wie der Mann, der sagt: »Ich werde nur dann an Gott glauben, wenn ich ihn sehe.« In Wahrheit wünscht er sich insgeheim zu glauben, und er *tut* es, indem er Gott voraussetzt, um IHN zu *»sehen«*. Aber er »sieht« IHN nie und wird nie durch einen objektiven, aber persönlichen Akt Gottes in seinen Annahmen bestätigt: nur durch seine eigenen Handlungen.

... Das Wichtigste, es liegt jetzt für mich so klar auf der Hand, daß ich nicht darüber hinwegsehen kann, ist die Tatsache, daß es einem Menschen wie mir unmöglich ist, im Gefängnis zu existieren.

Mein Bild vom Leben außerhalb des Gefängnisses ist zu einem verblassenden Traum geworden. Ich frage mich unwillkürlich, ob das nicht schon immer so gewesen ist. Ich glaube, ich träume vom Leben außerhalb des Gefängnisses, wie ein gewöhnlicher Mensch davon träumt, Millionär zu sein oder, ein besserer Vergleich, ein großer Künstler wie Michelangelo. Ohne den kleinsten Schimmer von den Opfern und Mühen zu haben, die so etwas von gewöhnlichen Menschen erfordert.

Vor »mein Bild vom Leben draußen« schiebt sich meine kristallklare Vision von einem furchtbaren revolutionären Krieg im Anfangsstadium – der immer wieder aufzuckt und aufflammt und in einem Schwall von Blut und Gewalt ebenso schnell erstickt, in einem so mikroskopisch kleinen

Maßstab, daß er gar nicht in das normale, alltägliche Blickfeld der Ereignisse hierzulande rückt. Die Erkenntnis, daß ich wahrscheinlich auch nur eine von jenen unbemerkten »aufzuckenden Flammen« sein werde, die in einem Schwall von Blut und unmenschlicher Gewalt, indifferenter Gewalt, einen schrecklichen Tod erleiden, ist nicht sehr ermutigend. Trotzdem weist alles in meinem Leben unerbittlich in jene Richtung. Diese Vision hat das idyllische Bild vom Leben – dem »normalen« Leben – bezwungen.

Die ersten »natürlichen« Revolutionäre, die der Gesellschaft geboren werden, sterben immer im Gefängnis, sterben immer nach langer Folter und Erniedrigung. Sie sind stets unbekannt, auf sich gestellt, und sie sind sich ihrer selbst gewöhnlich nicht als Revolutionäre bewußt. Sie denken, sie stürben als »gute Diebe«, »gute Sträflinge«.

Netschajews »Katechismus eines Revolutionärs« schildert solche Männer. Er schildert jedoch ihr Sein und nicht ihr revolutionäres Bewußtsein. Jedes winzige Detail unserer Gesellschaft trägt zu meiner Vernichtung bei. Das war schon seit meiner Geburt so. Die moralischen Prinzipien, Sitten, Gesetze unserer Gesellschaft wenden sich gegen meine Existenz als solche.

Das mag teilweise erklären, warum ich mir nicht »wirklich« etwas daraus mache, ob ich jemals aus dem Gefängnis entlassen werde oder nicht. Einfach eines gewaltsamen Todes in einem »größeren Maßstab« (einem größeren Schwall von Blut) zu sterben, also nicht im Gefängnis, kann bereits Grund genug sein, mit dem Wunsch nach Entlassung aus dem Gefängnis (dem »kleinen Maßstab«, dem »kleinen Schwall von Blut«) zu existieren. Die Geschichte begreift nur das Große.

... Ich kann mir nicht vorstellen, wie ich in der amerikanischen Gesellschaft glücklich sein kann. Nach all dem, was diese Gesellschaft mir angetan hat, bin ich natürlich voller Wut. Ich möchte keine Rache, keine Strafe. Ich wünsche mir nur, daß man mich auf irgendeine Weise um Verzeihung bittet. Wünsche mir nur ein bißchen Rücksicht. Nur eine kleine Anerkennung des Unrechts, das mir zugefügt wurde, ganz zu schweigen von all den anderen außer mir – eine Anerkennung von seiten der Gesellschaft.

Muß ich damit zufrieden sein, ungehindert auf denselben Straßen herumzulaufen wie Männer, die mit Wissen und uneingeschränkter Billigung aller anderen in meine Zelle gekommen sind und mich zusammengeschlagen haben? Männer, die morgens zur Arbeit kamen und ihren Arbeitstag damit verbrachten, mich zu foltern?

Oder herumzulaufen mit den vielen Richtern, Politikern, Geistlichen und Anwälten, die sich bewußt zusammentaten, um mich mit gezielten Lügen, Vertuschungen zu zermalmen? Die die Fallen, die sie mir stellten, mit meiner geistigen Gesundheit beköderten? Mit Gerechtigkeit? Mit Fairneß?

Oder herumzulaufen mit den »gesichtslosen Massen« unserer Gesellschaft, die zeit meines Lebens böse Menschen und ihre Ambitionen unterstützt oder akzeptiert haben? Und es mit vollem zynischen Bewußtsein tun?

Gehen *Sie* doch mal auf die Straße und halten Sie den nächstbesten Passanten an. Reden Sie mit ihm. Vielleicht amüsiert er Sie, weil er nie Macht über Sie gehabt hat. Sie sind seiner Ignoranz, dem grundlegend Bösen in ihm nicht unterworfen.

Andernfalls würden Sie ihn nicht amüsant finden. Ich war zeit meines Lebens seiner Willkür ausgeliefert.

Wie ich wünschte, dies wäre zu Ende! Wie ich wünschte, ich könnte frei in der Welt herumlaufen, mein Leben wiederfinden und das gleiche sehen und tun wie andere Leute.

Ich sehe allerdings nicht, wie das möglich sein sollte. Zu vieles ist mir widerfahren, zu lange. Aber ich möchte es versuchen. Es ist mein Recht. *Das* ist es, was man das

»Recht eines Menschen« nennt. *Mein* Recht, das Recht des *einzelnen*. Wir alle haben dieses Recht, wenn wir auch tief in unserem Herzen wissen, daß wir vielleicht unfähig sind, das zu vollbringen, was zu versuchen wir das *absolute* Recht haben. Wenn die Gesellschaft das Recht hat, mir anzutun, was sie mir angetan hat (und weiterhin antut), ein Recht, das sie wohl *besitzt* – dann habe ich wenigstens das Recht, irgendwann in meinem Leben einmal frei herumzulaufen, egal ob inzwischen alles dafür spricht, daß ich womöglich nicht so bin wie andere Menschen.

... Was ich von der Strafaussetzung halten soll? Keine Ahnung. Die Vorstellung, mit Hilfe des Gesetzes aus dem Gefängnis zu kommen, ist schon so lange aus meinem Geist, meiner Psyche geschwunden, daß ich mich wirklich nicht mehr an eine Zeit erinnern kann, in der ich Pläne oder Hoffnungen hatte, in diesem Land jemals wieder ein freier Mann zu sein. Vielleicht kann ich später darüber schreiben, aber nicht jetzt.

Bitte beachten Sie die folgenden Seiten

Didier Decoin

Fenster zur Hölle

Roman

Decoins Buch ist der Roman einer Stadt, der Megalopolis New York, dieses modernen Babylon, das wie das biblische Sinnbild der Hybris zum Untergang verurteilt scheint. Decoin macht den Leser zum betroffenen Beobachter ihrer Agonie. Es ist ein beklemmendes Buch, dessen realistische Vision einer verfallenden Welt viel mit unserer Wirklichkeit gemeinsam hat, auch und vielleicht gerade, weil selbst in ihr noch Liebe möglich ist.

Ullstein

Lutz Rathenow

Mit dem Schlimmsten wurde schon gerechnet

Prosa

Der erste Prosaband des jungen DDR-Autors Lutz Rathenow enthält Geschichten, die uns betreffen und betroffen machen. Es geht um die Nähe von Normalität und Terror, um Absurdität in autoritären Verhaltensweisen, um Neugier, die Halt werden kann, und immer um lebendige Wirklichkeit.

Ullstein

Thomas Valentin

Hölle für Kinder

Roman

Angst und Unruhe, auf gräßlichen Kindheitserlebnissen beruhend, quälen den Vertreter Manfred Klewitz. Als ihm wie das eigene Jugendbild der kleine Freddy begegnet, beginnt für Klewitz ein Teufelskreis. Seine Erlebnisse scheinen sich an Freddy zu wiederholen. Wie unter Zwang flieht er mit dem Jungen aus ihrer beider Hölle – aber die verständnislose Umwelt hält eine andere Hölle bereit.

Ullstein